21세기 통화 전쟁

위안화의 도전과 달러화의 미래

21세기 통화전쟁

강재택 지음

Y U A N

D O L L A R

E U R O

Y E N

매일경제신문사

우리는 새로운 통화 전쟁 속에서 살아가고 있다. 세계 각국은 자국의 명운(命運)을 걸고 이러한 통화 전쟁에서 살아남기 위해 사투를 벌이고 있다.

우리나라는 대외 의존도가 높다. 우리나라의 2013년 말 교역 규모는 1.07조 달러로 세계 9위 수준이며 2013년 말 기준 국내 총생산(GDP) 1.31조 달러의 82%에 이른다.

이러한 우리나라가 치열한 세계의 통화 전쟁에서 생존하기 위해서는 그 통화 전쟁을 어느 국가가 어떻게 주도하는지를 이해할 필요가 있다. 그동안 통화 전쟁은 미국, 중국, 유럽, 일본의 네 나라에 크게 영향을 받아 왔다. 이들 국가들은 그때그때 상황에 따라 서로 협력하고 또한 대립하면서 자국에 유리한 방향으로 통화 전쟁을 이끌어 왔다. 그중에서도 기축 통화인 달러화를 발행하는 미국의 영향이 가장 컸던 점은 기정사실이다.

그러나 최근에는 중국이 여러 면에서 성장한 국력을 바탕으로 위안화의 국제화에 박차를 가하고 있다. 이제부터 세계는 미국과 중국이 가장 크게 영향을 미치면서 이끌어 간다는 이른바 G2 (Group of 2) 시대를 맞이하여 경제의 G2가 진행되고 있다. 중국은 경제력을 바탕으로 위안화를 달러화와 대등한 기축 통화로 발전시키려는 장기 계획을 추진하고 있다. 그러나 유럽과 일본도 때로는 미국에 협력하고 때로는 중국에 협력하면서 자국 통화의 국제적 위상을 높임으로써 위안화의 추격에 뒤지지 않으려고 분투하고 있다.

필자는 이들 네 그룹의 국가들이 어떠한 철학을 가지고 어떤 정책을 표방하면서 새로운 통화 전쟁을 이끌어 가는지를 우리 국민들이 이해할 필요가 있다고 생각하여 이 책을 쓰게 되었다. 세계 통화 전쟁이 어떠한 방향으로 전개될지를 예상하고 이에 미리 대응함으로써 세계화의 무한 경쟁에서 살아남고 우리의 국익을 증진시킬 수 있기 때문이다.

일부 내용은 이론적인 배경이 함축되어 있어서 독자에 따라 다소 어려울 수도 있겠다. 그러나 앞뒤를 연결하여 함께 읽어 나가면 전체적인 맥락을 이해하는 데에는 별 어려움이 없을 것이다. 아무쪼록 이 책이 독자들에게 위안화의 도전에 직면한 달러화, 유로화, 엔화의 미래를 이해하는 데 도움이 되기를 바란다.

청풍명월의 청주, 산남동에서
강재택

contents

PART
01

세계화와
국제 금융 시장

Chapter 01

세계화와 국제 금융 시장 연계

세계화로 통화 전쟁 리스크에 노출

··· 세계화로 24시간 통화 전쟁 리스크에 노출되다

세계화란, 교통과 IT 기술의 발달 등으로 인해 세계의 정치, 경제, 문화 등이 하나로 통합되는 현상을 말한다. 외형상으로는 세계 각국이 국경에 의해 구분되어 있고 각국의 금융 시장도 각국 정부 및 정책 당국에 의해 통제받는다. 그러나 각국 금융 시장의 거래 동향이 실시간으로 전 세계에 알려지기 때문에 한 나라가 자국의 금융 시장을 국제 금융 시장의 동향을 무시한 채 운영할 수 없다. 또한 다른 나라의 일들이 바로 우리나라에 영향을 미치기 때문에 다른 나라의 정치, 경제 동향에 관심을 갖고 그 향방을 예측하는 것이 매우 중요해졌다.

금융 시장과 관련하여 세계화 현상을 살펴보면 각국의 금융 시장이 서로 즉각적으로 영향을 미치면서 마치 통합된 하나의 시장처럼 움직이는 것으로 이해할 수 있다. 각국의 금융 시장은 외형상으로는 매 영업일에 정해진 시간 동안만 거래가 이루어지는 것처럼 보인다. 그러나 이는 공식적인 시장, 예를 들어 장내 시장에 적용되는 설명이다. 장외 시장, 특히 역외 금융 시장에서는 시간과 장소의 제약 없이 24시간 거래가 가능하다. 따라서 국내 금융 시장의 거래 가격도 국내 시세뿐만 아니라 위에 언급한 역외 금융 시장 및 외국 금융 시장의 시세에 의해 24시간 영향을 받는다. 우리 모두 24시간 통화 전쟁에 노출되는 것이다.

• • • 우리나라 외환 시장의 통화 전쟁 리스크 노출

이해를 돕기 위해 원·달러 매매 시장을 예로 들어 살펴보자. 우리나라의 공식적인 원·달러 매매 시장에서는 매 영업일 오전 9시부터 오후 3시까지 거래가 이루어진다.

원화 또는 달러화를 사거나 팔려고 하는 금융 기관은 외국환 중개 회사에 희망 환율을 제시하고 외국환 중개 회사는 매수 희망 환율과 매도 희망 환율이 일치하는 거래 주문을 중개함으로써 거래를 성립시킨다.

그러면 오후 3시 이후부터 다음 영업일 오전 9시 이전까지는 원·달러 매매 거래가 없는 것인가? 그렇지 않다. 그 시간 동안 세계 도처의 금융 기관 및 시장 참가자들이 싱가포르, 홍콩, 런던, 뉴욕에서 원·달러 역외 선물환(NDF)[1] 매매 거래를 언제든 할 수

---

1 역외 선물환(NDF)에 대해서는 75쪽 해설 참조.

있다. 그리고 이 거래에서 성립되는 환율은 다음날 우리나라의 외환 시장 거래 환율에 영향을 미친다. 따라서 우리나라 원화는 역외 선물환 시장을 통해 24시간 통화 전쟁의 리스크에 노출되어 있는 것이다.

이처럼 국제 금융 시장이 상호 연결됨에 따라 전일 뉴욕과 런던 등 국제 금융 시장의 주가와 환율은 당일 우리나라 주가와 환율에 큰 영향을 미치는 경우가 많다. 미국의 경제 지표 호조로 미국 주가가 상승하면 다음 날 우리나라 주가도 상승하는 경우가 많고 이는 다시 원·달러 환율의 하락을 가져오는 경우가 많다. 그 뿐만 아니라 다른 나라의 정치 불안이 안전 통화인 달러화의 수요를 증대시키는 경우 국제적으로 달러화는 강세가 되고 이는 다시 원·달러 환율의 상승 요인이 되는 경우가 허다하다.

따라서 세계 각국은 국제 금융 시장을 예의 주시하면서 예상되는 충격에 미리 대응하는 노력을 통해 자국의 금융 시장 안정을 도모하고 있다. 또한 한 나라의 정치, 경제 현상이 다른 나라에 즉각적인 영향을 미친다는 관점에서 국제 금융 시장의 안정을 위한 국제 공조의 중요성이 점차 커지고 있다.

이러한 국제 공조 과정에는 항상 세계의 정치, 경제 질서를 이끌어 가는 리더가 존재해 왔다. 현재의 세계 질서는 제2차 세계대전 이후 대체로 미국이 주도하여 왔다. 그런데 최근 들어 신흥 시장국들의 위상이 점차 높아지는 가운데 중국이 미국과 대등하게 경합할 강자로 부상한 상황이다.

우리나라의 통화 전쟁 경험과 교훈

다음의 원·달러 환율 동향을 보면 통화 전쟁이 우리나라에 얼마나 중요한 의미를 갖는지 이해할 수 있다.

» 1997년 외환 위기

먼저 1997년 외환 위기 사례를 살펴보자. 1996년 말 844.9원이었던 원·달러 환율이 1997년 12월 23일에 1,962원까지 상승했다가 이후 급속히 안정되었다. 중요한 것은 환율의 급상승이 우리나라 경제 주체들의 달러화 실수요에 의해서만 발생한 것이 아니라는 점이다. 환율 급상승의 상당 부분이 역외 경제 주체들의 투기적 달러 매입 수요에 의해 발생했을 수 있다는 것이다. 우리가 원하지 않은 요인에 의해 우리나라 환율이 2배 이상으로 급상승한 것은 우리나라 돈에 대한 투기적 공격을 우리가 막을 수 없었기 때문이다. 통화 전쟁에서 졌고, 잠시나마 경제 주권을 국제통화기금(IMF)에 넘겼었다.

또한 환율이 하락세로 전환한 것은 우리 자체의 의지와 능력만

원·달러 환율

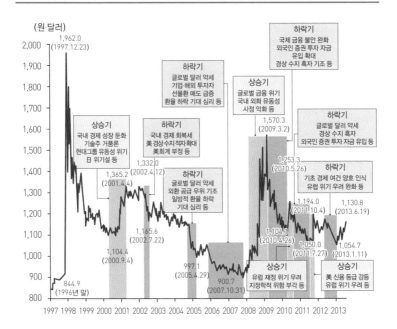

(원·달러)

1,962.0
(1997.12.23)

하락기
국제 금융 불안 완화
외국인 증권 투자 자금
유입 확대
경상 수지 흑자 기조 등

하락기
글로벌 달러 약세
기업 해외 투자
선물환 매도 급증
환율 하락 기대 심리 등

상승기
글로벌 금융 위기
국내 외화 유동성
사정 악화 등

상승기
국내 경제 성장 둔화
기술주 거품론
현대그룹 유동성 위기
日 위기설 등

하락기
국내 경제 회복세
美 경상 수지 적자 확대
美회계 부정 등

하락기
글로벌 달러 약세
경상 수지 흑자
외국인 증권 투자 자금 유입 등

1,570.3
(2009.3.2)

1,365.2
(2001.4.4)

1,332.0
(2002.4.12)

하락기
글로벌 달러 약세
외환 공급 우위 기조
일방적 환율 하락
기대 심리 등

1,253.3
(2010.5.26)

하락기
기초 경제 여건 양호 인식
유럽 위기 우려 완화 등

1,165.6
(2002.7.22)

1,104.4
(2000.9.4)

997.1
(2005.4.29)

900.7
(2007.10.31)

1,104.1
(2010.4.26)

1,194.0
(2011.10.4)

1,130.8
(2013.6.19)

1,050.0
(2011.7.27)

1,054.7
(2013.1.11)

상승기
유럽 재정 위기 우려
지정학적 위험 부각 등

상승기
美 신용 등급 강등
유럽 위기 우려 등

844.9
(1996년 말)

1997 1998 1999 2000 2001 2002 2003 2004 2005 2006 2007 2008 2009 2010 2011 2012 2013

자료: 한국은행

으로 가능한 것이 아니었다. 미국계 은행을 중심으로 한 선진국
투자 은행들이 우리나라에 금융 지원을 다시 시작하고 IMF가 우
리나라에 자금 지원을 결정한 후 원·달러 환율이 안정되었다. 통
화 전쟁에서 우리나라 돈의 가치를 회복하는 데에 외부의 힘 없
이는 불가능했던 것이다.

» 2008~2009년 글로벌 금융 위기

2007년 10월 말 900.7원이었던 원·달러 환율이 2009년 3월 2일

에 1,570.3원까지 상승했다가 이후 빠르게 하락하였다. 이 경우도 1997년 외환 위기 때와 유사한 점을 발견할 수 있다.

먼저, 환율이 급상승한 것이 선진국 금융 기관 부도와 유로 지역의 금융 불안, 즉 선진국의 사유에 의해 주로 영향을 받았다는 점이다. 우리나라 측의 직접적인 잘못이 없었던 상황에서 우리나라의 환율이 급상승한 것이다. 선진국의 사유로 국제 금융 시장이 불안해지니까 안전 통화인 달러화 확보 전쟁이 발생하였고 상대적으로 달러화에 비해 위험 통화로 분류되는 우리나라 원화의 가치가 하락하는 피해를 입었다.

또한 환율이 빠르게 안정된 것도 역시 우리의 의지와 능력에 의한 것이 아니었다. 미 연준이 우리나라에 300억 달러 한도 내에서 원화와 미 달러화를 맞교환해 주겠다는 통화 스와프를 발표(2008년 10월 30일)한 다음 날 하루에 원·달러 환율이 177원(1,427.0원→1,250.0원) 하락하였다.

국제 금융 시장에서 달러화 확보 전쟁이 일어나자 우리나라 통화 가치가 그 피해를 입어 크게 하락(환율 급상승)하였다가 위기의 진원지인 선진국의 도움으로 우리나라 돈의 가치를 안정시킨 것이다.

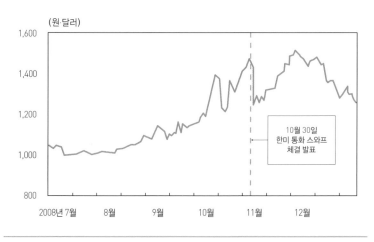

(원·달러)

10월 30일
한미 통화 스와프
체결 발표

2008년 7월   8월   9월   10월   11월   12월

자료: 한국은행

•••향후 언제든 국제 통화 전쟁은 재발 가능

앞의 두 사례에서 중요한 것은 우리가 원치 않는 국제 통화 전쟁이 언제든 다시 발생할 수 있다는 점이다. 이 경우 과연 우리나라 자체의 능력으로 우리나라의 외환 시장을 안정시킬 수 있을지 생각해 보아야 한다. 세계화의 시대에 국제적 자본 이동을 통제할 수 없기 때문에 우리나라에 유입되는 국제적 자본이 언제든 갑자기 대규모로 빠져나갈 가능성을 염두에 두고 이에 대비해야 한다.

그러기 위해서는 이러한 국제적 자본 이동의 향방에 영향을 미칠 수 있는 국제 질서의 향후 전개 방향을 예측하고 미리 대응 방안을 강구해야 한다. 이는 곧 이러한 국제 질서에 크게 영향을 미치고 있는 주요 국가들의 정책 방향을 분석하고 예측하는 노력이 필요하다는 말로 귀결된다.

Chapter 02

금융의 세계화와 국내외 금융 시장

미국 주가와 한국 주가의 높은 상관관계

••• 양국 주가, 대체로 같은 방향으로 움직여

미국의 주가와 우리나라 주가는 상호 같은 방향으로 움직이는 경우가 자주 발견된다. 그 이유는 미국의 경기 회복 기대가 강해질 때 미국의 주가가 상승하고 이 경우 미국에 대한 경제적 의존도가 높은 우리나라의 주가도 상승하는 경우가 많기 때문이다. 실제로 미국의 다우 지수와 우리나라의 코스피 지수 간에는 상관관계가 매우 커서 두 그래프가 거의 같은 모양으로 움직인다.

미국 주가와 한국 주가의 상관 계수(2007년 1월~2014년 9월 중)

전 기간	2007년 ~2008년	2009년 ~2010년	2011년 ~2012년	2013년 ~2014년	(2014년 중)
0.73	0.85	0.94	0.28	0.35	(0.75)

자료: 한국은행

미국 주가와 한국 주가

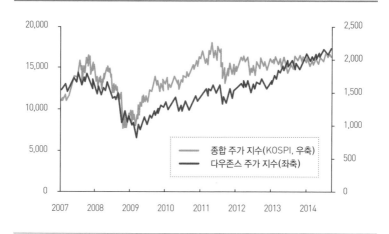

자료: 한국은행

<h3>••• 양국 주가와 원·달러 환율, 대체로 반대 방향으로 움직여</h3>

미국의 주가와 우리나라 주가가 대체로 같은 방향으로 움직이는 한편, 양국 주가와 원·달러 환율 간에는 부(-)의 상관관계가 발견된다. 그 이유는 원화가 미 달러화에 대해 상대적 위험 통화로서 양국의 경기 회복 기대가 강할 때 원화의 수요 증가로 원화가 강세로 가고 원·달러 환율은 하락하기 때문이다.

양국의 주가와 원·달러 환율 간에 다음의 그래프와 같은 부(-)의 관계가 관찰되고 그 부(-)의 상관 계수도 상당히 큰 것으로 계산된다.

주가와 원·달러 환율의 상관 계수(2007년 1월~2014년 9월 중)

전 기간	2007년 ~2008년	2009년 ~2010년	2011년 ~2012년	2013년 ~2014년	(2014년 중)
-0.53	-0.76	-0.89	-0.62	-0.72	(-0.71)

자료: 한국은행

주가와 원·달러 환율 추이

자료: 한국은행

투자자의 반응 패러다임의 변화

》개별 국가의 상황보다 글로벌 금융 시장의 리스크에 먼저 반응

2008년의 글로벌 금융 위기 이후 국제 금융 시장에서는 기존의 통상적인 관념과 다른 방향으로 시장이 움직이는 현상이 목격되었다. 대표적인 예가 미국의 경제 성장률이 예상보다 양호함에도 불구하고 미 달러화가 약세로 가는 현상이다.

미국의 경제 성장이 예상보다 호조를 보이면 미국의 주식 또는 채권 등 미국 자산에 대한 수요 증가가 예상되고 미 달러화는 강세로 가야 한다. 그런데 미 달러화가 약세로 갔고 이는 외환 딜러들이 미 달러화를 매도했기 때문이다.

그 이유는 무엇인가? 이는 외환 딜러들이 개별 국가의 경제 지표에 일일이 반응하지 않고 글로벌 금융 시장의 전반적인 리스크에 일괄적으로 반응하기 때문이다. 이는 2008년 글로벌 금융 위기 이후 나타난 현상으로 외환 딜러들의 관심이 세계 경제가 어느 시점에 회복되느냐에 모아졌기 때문에 발생한 현상이다.

즉, 미국 이외 국가의 경제 성장이 예상보다 양호한 상황에서 미국의 경제 성장이 예상외로 호전되면 이는 세계 경제의 전반적인 회복 신호로 인식되었다. 세계 경제가 전반적으로 회복되는 상황이라면 굳이 신흥 시장국의 자산에 비해 기대 수익률이 낮은 미국의 자산을 매입할 필요가 없다. 미국 자산에 비해 상대적으로 리스크가 큰 신흥 시장국 자산에 대한 수요 증가가 미 달러화의 매도와 신흥 시장국 통화의 매수를 유발함으로써 미 달러화는 약세를 보일 수 있다. 시장에서는 이를 리스크 온(risk on)으로, 반대의 경우를 리스크 오프(risk off)로 이해하고 있다.

딜러들이 개별 국가의 경제 지표보다는 글로벌 금융 시장의 리스크에 더욱 민감히 반응하여 세계 경제가 회복하는 경우 리스크 자산을 매입(risk on)하고 세계 경제가 회복하지 못하는 경우에는 리스크 자산을 매도(risk off)한다는 의미이다.

이제 이러한 메커니즘을 좀 더 구체적으로 정리해 볼 필요가 있다. 2008년 위기의 핵심은 미국과 유로 지역이다. 따라서 유로 지역과 미국의 경제 성장률이 예상보다 높을 때와 낮을 때를 각각 가정하고 2×2의 4가지 경우로 나누어 생각해 보자.

» 세계 경제가 위기에서 회복될 것으로 기대되는 경우

첫째, 유로 지역과 미국 두 곳에서 모두 성장률이 예상 또는 기대보다 높을 경우이다. 이 경우에는 이제 세계 경제가 위기에서 벗어나 회복세로 접어들 것으로 기대할 수 있다. 안전 자산보다는 고수익 가능성이 있는 위험 자산에 대한 투자자 증가한다.

통화 중에서는 안전 통화로 분류되는 달러화와 엔화 등을 팔고 위험 통화에 속하는 유로화, 호주 달러화, 원화 등을 사려는 수요가 증가한다. 달러화 및 엔화 등 안전 통화의 약세와 위험 통화의 강세가 나타난다.

자산 간에는 채권보다는 주식, 채권 중에서는 고수익 위험 채권 및 신흥 시장국 채권, 주식 중에서는 위험 주식에 대한 수요가 늘어난다.

여기서 엔화에 대해 짚어 볼 사항이 있다. 세계 경제의 회복이 예상되는 경우 엔화가 약세로 가는 현상에 대해 이를 엔캐리로 설명하는 견해가 있다. 엔캐리란 엔화의 금리가 낮은 상황에서 저리로 엔화를 차입하고 이를 고수익이 예상되는 통화의 자산에 투자함으로써 차익을 실현하려는 투자 전략이다. 여기서 투자기간 중 투자 대상 통화가 두 통화 간 금리 차 이상으로 약세로 갈 경우에는 환 평가손이 금리 차보다 크기 때문에 캐리 트레이드는 손실을 보게 된다. 따라서 캐리 트레이드를 하는 경우 투자 대상 통화는 가치 상승이 예상되거나 가치 하락이 예상되더라도 그 하락 폭이 금리 차보다는 작다는 것을 전제로 하고 있다.

》 아직 세계 경제가 위기 상황으로 판단되는 경우

둘째, 미국과 미국 이외 국가들 양쪽 모두에서 성장률이 기대보다 못할 경우이다. 이 경우에는 아직 세계 경제가 회복세에 접어들었다고는 판단하기 어려운 상황이다. 여전히 안전 자산과 안전 통화에 대한 수요가 강하다. 따라서 안전 통화인 미 달러화가 강세로 간다.

따라서 미국의 경제 지표가 시장의 기대에 못 미치는 상황에서도 미국 이외 국가들의 경기 부진이 함께 반영되어 아직 세계 경제가 위기 상황이라는 판단하에 안전 통화로서 미 달러화가 강세가 될 수 있다.

외환 시장에서는 엔화가 강세를 보이고 그 강세 폭이 달러화보다 큰 경우가 목격된다. 이 경우 그 이유에 대해 견해차가 있다. 하나는 엔화가 달러화보다 더 안전 자산이기 때문이라는 주장이고 다른 하나는 엔캐리 청산 때문이라는 주장이다. 아직 여기에 대해서는 공통된 결론이 나지 않은 상태이다.

엔화가 캐리 투자 대상 통화에 대해 안전 통화인 점은 분명하다. 따라서 세계 경제가 불안한 경우 캐리 투자 대상 통화 자산을 매각하고 엔화 자산을 매입할 수 있다. 이는 저금리 엔화를 차입해서 고금리 통화 자산에 투자했던 것을 반대로 되감는 것으로 엔캐리 청산이라 한다. 엔캐리와 반대로 고금리 자산 통화를 매도하고 엔화를 매수함에 따라 엔화가 강세로 간다.

그런데 엔캐리 청산이 급속하게 일어나서 엔화 강세 폭이 달러 강세 폭보다 큰 경우가 있다. 이 경우 엔화가 달러화보다 안전 자산인가 하는 의문이 제기된다. 엔화가 달러화보다 강세 폭이 큰 점만으로 엔화가 달러화보다 안전 자산이라는 결론은 옳지 않다. 엔화가 캐리 대상 통화, 예를 들어 호주 달러화, 원화 등에 대해 안전 자산인 점은 맞다. 그러나 달러화를 팔고 엔화를 사는 경우가 아닐 때 엔화의 강세 폭이 달러화의 강세 폭보다 크다는 이유만으로 엔화가 달러화에 대해 안전 통화라는 결론을 내리는 것은 옳지 않다고 필자는 생각한다. 진정 엔화가 미 달러화보다 안전 통화라면, 덜 안전한 미 달러화를 팔고 더 안전한 엔화를 살 것이기 때문이다.

》 상대적으로 양호한 미국 경제가 부각되는 경우

셋째, 미국의 경제 지표는 기대보다 양호한데 미국 이외의 지역에서는 경제 지표가 기대보다 부진한 경우이다. 이 경우에는 아직 세계 경제가 회복세에 접어들지 않은 상태로 안전 자산에 대한 수요가 살아 있는 데다가 미국 경제 지표의 상대적 양호로 인한 달러화에 대한 수요가 가세한다. 달러화는 강세로 가며 강세 폭이 클 수 있다. 이는 글로벌 금융 시장의 전반적인 리스크보다는 개별 국가의 경제 지표에 더욱 크게 반응하기 때문이다.

》 상대적으로 양호한 미국 이외의 경제가 부각되는 경우

넷째, 미국의 경제 지표는 기대보다 부진한데 미국 이외의 지역에서는 경제 지표가 기대보다 양호한 경우이다. 이 경우에는 미국 이외의 지역에서 경제의 회복 기대가 대두되는 상황에서 미국의 경제는 아직 부진하다. 세계 전체적으로 위기에서 회복되었다고 판단하기는 어려운 상황이므로 글로벌 금융 시장에서 리스크 자산에 대한 수요가 증가할 상황(risk on)은 아니다. 그러나 미국 이외 지역은 경제가 회복되고 있으므로 전 세계가 여전히 위기 상황(risk off)이 계속되고 있다고 보아 안전 자산에 대한 수요가 증가할 상황도 아니다. 따라서 상대적으로 양호한 미국 이외 국가의 경제 지표에 더욱 민감하게 반응하여 유로화가 강세로 가고 미 달러화가 약세로 간다.

··· 글로벌 금융 위기 회복 조짐 이후 패러다임의 변화

» 개별 국가의 경제 지표에 대한 관심 증가

2008년의 글로벌 금융 위기 이후 대두되었던 'RO-RO' 현상은 2012년 4/4분기 이후 완화되었다. 그 배경으로는 미국 경제의 완만한 회복세, 유로존 재정 위기 진정, 중국 경제의 경착륙 우려 완화 등으로 안전 자산에 대한 수요가 감소한 것을 들 수 있다. 또한 미국의 긴축적인 재정 정책, 유럽의 재정 긴축 완화, 일본의 경기 부양을 위한 확장적인 재정 정책 전망 등으로 금융 시장의 위기 우려에서 벗어나게 되었다. 이에 따라 재정 정책의 차별화가 예상되고 개별 국가 경제 상황에 대한 상대적 중요성이 커진 점도 중요하다.

이로 인해 국제 금융 시장에서는 투자자들이 글로벌 리스크 전반보다는 개별 국가 경제 지표의 상대적 양호 여부에 더욱 민감하게 반응하는 현상이 자주 목격된다.

따라서 앞으로는 국제 금융 시장을 분석할 때 국제 금융 시장이 글로벌 금융 시장의 전반적인 리스크에 보다 먼저 반응하는지 또는 개별 경제 지표에 보다 먼저 반응하는지를 감안하여 판단해야 한다.

버냉키 전 의장의 발언과 국제 금융 시장의 반응

••• 버냉키 전 의장의 발언은 단지 양적 완화 축소의 가능성을 언급한 것

세계화를 금융 부문에서 보면 세계의 금융 시장이 하나로 연결되어 사실상 통합된 것처럼 작동하는 것을 알 수 있다. 이를 통상 금융의 세계화로 부른다. 금융 시장의 통합이 우리에게 주는 의미는 무엇인가? 국제적으로 자본의 이동에 대한 제한이나 통제가 사실상 어려워진다. 이에 따라 각국의 금융 시장이 자국의 자본뿐만 아니라 여타국의 자본 이동에 의해서도 실시간으로 영향을 받는다. 구체적인 사례를 가지고 이를 살펴보자.

2013년 6월 19일 미 연방 준비 제도 벤 버냉키 전 의장이 양적 완화의 조기 축소 가능성을 언급하였다. 그 영향은 전 세계에 걸쳐 동시에 나타났다.

우선 버냉키 전 의장의 발언을 짚어 보자. 그 발언의 요지는 "미국 경제가 현재 예상한 경로로 개선된다면, 금년 하반기 (later this year) 중 자산 매입 규모 축소를 시작하고, 내년 중반경 (around midyear) 자산 매입을 종료할 수 있다"는 것이었다.

버냉키는 분명한 전제를 부여했다. 그리고 그 전제는 언제 실현될지 불분명한 상황이었다. 따라서 시장은 이에 대해 즉각 반응할 필요가 없었다. 그런데 시장은 즉각 반응했고 그것도 과잉 반응을 보였다. 그리고 얼마 후 미 지역 연준 총재들이 시장의 과잉 반응에 대해 우려를 표명한 후 시장은 진정되었다. 버냉키 전 의장의 발언이 양적 완화 축소의 계획을 의미한 것이 아니라 단지 그 가능성만 내포한 것이라는 점을 시장이 이해했기 때문이다.

[참고]

버냉키 전 의장의 구체적 발언 내용과 배경

(1) 발언 내용
① "미국 경제가 현재 예상한 경로로 개선된다면"
② "금년 하반기(later this year) 중 자산 매입 규모 축소 시작"
③ "내년 중반경(around midyear) 자산 매입 종료"

(2) 발언 배경
• 미국의 경기 회복 기대
① 제조업 가동률(%): (2009) 65.7 → (2012) 75.8 → (2013. 5) 75.9
② 소매 판매액(전기 대비, %): (2009) -7.1 → (2012) 5.3
③ 주택 착공 호수(전기 대비, %): (2009) -38.8 → (2012) 28.2

• 자산 버블 우려

- Case-Shiller 주택 가격 지수(20개 도시): (2012. 4) 135.98 →
  (2013. 4) 152.37 (+12.1%)

美 Case-Shiller 주택 가격 지수

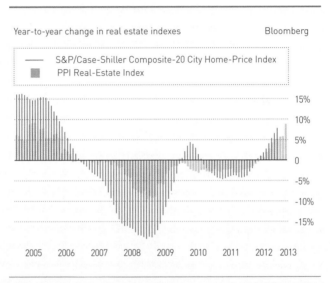

Year-to-year change in real estate indexes   Bloomberg

—— S&P/Case-Shiller Composite-20 City Home-Price Index
▨ PPI Real-Estate Index

자료: S&P/Case-Shiller,
Labor Department

(3) 양적 완화 축소 전제 조건

실업률	물가 상승률(CPI)
6.5%	2.5%

• • • 버냉키 발언 이후 국제 금융 시장 충격, 빠르게 진정

　다음 그래프가 보여 주듯이 선진국과 신흥 시장국 모두에서 국채 금리는 6월 19일 이후 가파르게 상승했다가 6월 25일 하락으로 반전하였다. 선진국과 신흥 시장국 주가는 같은 기간 중 하락했다가 상승으로 방향이 바뀌었다. 달러화 지수는 6월 19일 이후 급격히 상승하여 달러화가 가파르게 강세로 가다가 6월 25일 이후 강세 속도가 주춤함을 보여 주었다. 이렇게 금융 시장이 세계화됨에 따라 한 나라의 경제 충격은 곧바로 전 세계로 파급된다.

미국 및 독일 국채 금리

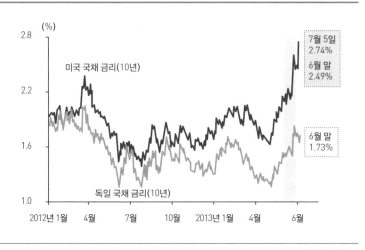

자료: Bloomberg

신흥 시장국 국채 가산 금리(EMBI+스프레드) 및 국고채(3년) 금리

자료: Bloomberg, 한국은행

선진국 및 신흥 시장국 주가

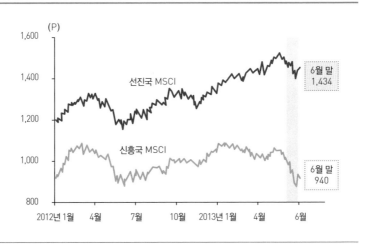

자료: Bloomberg

미국 주가

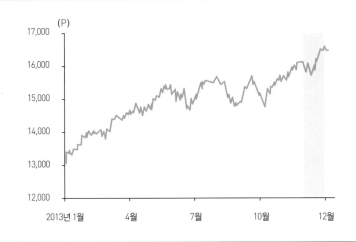

자료: Bloomberg

달러화 지수

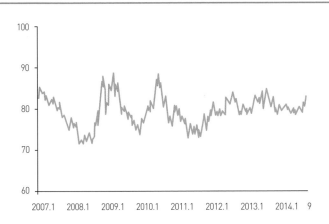

100=1973년 3월
자료: Bloomberg

••• 버냉키 충격, 미 지역 연준 총재들이 진정에 나서

한편, 6월 25일 그래프의 방향이 바뀐 이유는 무엇인가? 버냉키 전 의장의 발언에 시장이 과잉 반응을 보이면서 연준의 의도와는 다른 방향으로 시장이 반응함에 따라 지역 연준 총재들이 이를 진정시키기 위해 나섰기 때문이다. 피셔 댈러스 연준 총재, 더들리 뉴욕 연준 총재, 코처라코타 미니애폴리스 연준 총재가 6월 24일 투자자들에게 과잉 반응 자제, 완화적 정책 기조 유지 가능성 언급 등의 요지로 발언한 것이다. 이에 따라 시장에서는 과잉 반응이었다는 점이 인식되었고 시장은 안정을 되찾았다.

[참고] ──────────────────────────────────────

미 지역 연준 총재들의 버냉키 쇼크 진화 발언

- 피셔 댈러스 연준 총재(non-voter), 미국 경제가 현재 예상한 경로로 개선된다면 자산 매입을 축소해야 한다는 버냉키 의장의 FOMC 기자 간담회 발언에 동의하나 투자자들이 이에 과잉 반응해서는 안 되며 연준의 자산 매입 축소는 신중하게 이루어질 것이라고 강조 (FT, 6월 24일)

- 더들리 뉴욕 연준 총재(voter), 고용 및 인플레이션이 목표치보다 크게 낮은 현 경제 상황을 고려할 때 연준의 통화 정책은 충분히 완화적이지 못하다고 평가(Bloomberg, 6월 24일)

36

- 코처라코타 미니애폴리스 연준 총재(non-voter), 연준은 자산 매입 프로그램이 종료된 이후에도 완화적 정책 기조를 상당 기간 유지할 것이라는 점을 항상 강조해야 한다고 언급(Bloomberg, 6월 24일)

• • • 양적 완화 축소, 유동성 회수가 아닌 추가 공급 규모 축소

이제 양적 완화 축소의 의미를 짚어 보자. 미 연준은 글로벌 금융 위기 이후 세 차례에 걸친 양적 완화를 포함한 비전통적 통화 정책을 통해 약 2조 8,000억 달러 규모의 달러 유동성을 공급하였다. 이 중에는 매달 850달러의 채권과 주택 저당 채권(MBS) 매입이 포함되었다. 그러다가 미국 경제가 회복세를 보임에 따라 이러한 양적 완화를 지속할 경우의 부작용, 예를 들어 버블 가능성에 미리 대응하지 못할 수 있는 점이 우려되었다.

이에 미 연준 의장이 미 경제가 연준이 상정하는 수준으로 회복될 경우 위의 유동성 공급을 줄일 수 있다고 발언했다. 미 연준이 글로벌 금융 위기 이후 세 차례에 걸친 양적 완화를 통해 공급하던 유동성을 줄인다는 것이다.

여기서 중요한 것은 유동성을 회수하겠다는 것이 아니다. 글로벌 금융 위기를 극복하기 위해 비정상적으로 많이 공급하던 유동성 공급 규모를 점차적으로 정상적인 수준까지 줄이겠다는 것이

미 연준의 양적 완화 추진 일정

구분	기 간	매입 대상	달러 유동성
1차	2008년 11월~2010년 3월(16개월)	MBS	총 1조 7,000억 달러
2차	2010년 11월~2011년 6월(7개월)	국채	총 6,000억 달러
3차	2012년 9월~	MBS	매월 400억 달러
	2012년 12월~	장기 국채	매월 450억 달러

자료: 미 연준

다. 또한 공급 규모의 축소도 미 연준이 제시한 전제 조건, 즉 실업률이 6.5% 아래로 내려가고 물가 상승률이 2.5%를 넘는 시점에 무조건 하는 것이 아니라 다른 경제 여건을 감안해서 하겠다는 것이었다.

··· 불확실성하의 군집 행동이 가세

그런데 시장은 왜 과잉 반응을 했는가? 첫째는 비록 양적 완화 축소 가능성을 밝힌 것에 불과하지만 그 내용이 구체적이라는 것이다. 연준 의장이 비록 전제 조건을 붙였지만 구체적으로 제시한 그 조건이 달성되면 언제 어떤 방식으로든 양적 완화를 축소할 수 있다고 밝힌 것이다. 시장에서는 이를 강력한 의지의 표명으로 해석하고 즉각 반응하였다.

둘째는 불확실성하의 군집 행동이다. 전제 조건이 충족되어야 양적 완화가 축소될 수 있다는 상황에서 양적 완화 축소의 시기 및 규모에 대한 예상 및 판단은 사람마다 다를 수 있다. 즉, 양적 완화 축소를 할지 안 할지, 언제 얼마나 할지에 대한 불확실성이 존재한다는 의미이다. 그런 상황에서 어떤 시장 참가자들이 양적 완화의 축소 가능성에 기대어 예를 들어 달러화 강세 기대로 달러화를 매수하면 많은 시장 참가자들이 이를 따르게 된다.

이를 시장 참가자들의 군집 행동(herd behavior)으로 설명할 수 있다. 그 이유는 군집 행동을 함으로써 책임을 면할 가능성이 크기 때문이다. 예를 들어 보자. 앞에서 언급한 상황에서 유명 IB (investment bank)가 신흥 시장국 채권과 주식을 팔고 미 달러화 자산의 보유를 늘린다고 가정하자. 이를 감지한 다른 기관의 외환 담당이 이를 따라서 거래하다가 손실이 발생하면 이는 유명 IB를 위시한 시장의 대세를 따른 것이라고 변명할 수 있다. 그런데 이를 따라하지 않고 있다가 실제로 양적 완화가 축소되어 손실이 발생하면 시장의 대세를 따르지 않음으로써 손실을 입은 것에 대해 변명하기가 힘들다.

···양적 완화 축소와 경제 변수와의 관계

이제 논리적으로 양적 완화의 축소가 각 경제 변수와 어떤 관계에 있는지 살펴보자.

» 달러화: 강세 요인

달러화 환율, 미국 금리, 미국 주가의 세 가지 변수를 살펴보자. 우선, 양적 완화의 축소는 미 연준의 향후 달러화 유동성 공급이 줄어드는 것을 의미한다. 시장은 이미 미 연준의 양적 완화에 익숙해져 있기 때문에 수요가 불변이라면 달러화 공급의 상대적 감소에 의해 달러화 강세 요인이다. 또한 미 연준의 양적 완화 축소는 미국 경제의 확실한 회복을 의미한다. 유로 지역 등 여타 지역에 비해 상대적으로 미국 경제의 회복이 확실하다는 것은 미 달러화 표시 자산에 대한 해외의 수요 증가를 통해 달러화 매입 수요를 증가시켜 달러화 강세 요인이 된다.

» 미국 금리: 상승 요인

또한 미 연준의 양적 완화가 미 국채와 모기지 채권 등의 매입 형태로 이루어져 왔기 때문에 양적 완화의 축소는 이들 채권에 대한 매입 감소를 의미한다. 보유 채권의 가격 하락 또는 채권 시장의 금리 상승이 예상된다. 이에 따라 보유 채권의 평가손을 피하기 위해 채권 매도 물량이 늘어날 경우 채권 금리의 상승 속도가 더 빨라질 수 있다.

여기서 미 국채 금리의 상승은 상대적으로 안전 자산인 미 국채의 신규 발행 수익률이 높아지는 것을 의미한다. 신흥 시장국의 채권이나 주식에 투자되었던 자금이 다시 미국의 채권 투자로 유입되는 유인이 되고 이는 다시 달러화의 수요 증가를 통해 달러화의 강세 폭을 더욱 크게 하는 요인이다.

》 미국 주가: 하락 또는 상승 요인

양적 완화의 축소에 따른 유동성 공급 감소가 경기 위축 및 수요 감소 우려 등으로 연결될 경우에는 주가의 하락 요인이다. 또한 시장의 향방이 불확실하면 시장은 안전 자산을 선호한다. 대표적인 안전 자산은 달러화와 미국 등의 국채이고 위험 자산은 주식이 대표적이다. 따라서 양적 완화 축소로 미국 주식 수요가 감소하고 미 국채 수요가 증가할 경우에는 미국 주가의 하락 요인이 될 수 있다.

다만, 양적 완화의 축소가 미국 경제의 확실한 회복세에 기초한 것이라고 판단될 경우에는 미국 주식에 대한 매입 수요 증가에 의해 주가가 상승할 수 있다. 논리적 판단은 시장 상황에 따라 신축적일 필요가 있다.

• • • 양적 완화 축소 이후 미 연준이 금리를 인상, 큰 혼란은 없을 것

미 연준은 2014년 10월 28일부터 29일까지 열린 FOMC 회의에서 경기 회복에 대해 기존의 판단을 유지하고 증권 매입 프로그램 종료를 결정하였다. 향후 정책 방향을 의미하는 사전적 정책 방향 제시(forward guidance)와 관련하여서는 "상당 기간(considerable time) 현 수준을 유지"한다는 입장을 밝혔다.

여기서 우리의 관심은 미 연준이 정책 금리를 인상할 경우 우리나라 금융 시장에 혼란이 올 가능성이 얼마나 큰가에 있다. 필자의 생각으로는 우리나라 금융 시장에 일시적 충격은 있을 수 있으나 큰 혼란은 없을 것이다. 그 이유를 짚어 보자.

» 미국의 금리 인상은 이론상 국내에 투자된 외국 자본의 유출 요인

미국의 금리 인상은 이론적으로 우리나라에 투자된 외국 자본의 유출 요인이다. 그 이유는 우리나라와 미국의 금리 차가 줄어들기 때문이다.

일반적으로 우리나라와 같은 신흥 시장국은 미국에 비해 환율의 변동성이 크다. 즉, 우리나라 원화의 가치가 하락할 가능성이 크다는 말이다. 따라서 우리나라 자산의 기대 수익, 대표적으로 우리나라 채권의 이자율에 이러한 원화 가치의 하락 가능성을 보상할 만큼의 추가적인 이자 차이가 있어야 외국 자본이 우리나라 채권에 투자된다.

그런데 미국의 중앙은행이 정책 금리를 인상하면 미국의 시장 금리도 따라서 올라갈 것이고 우리나라와 미국의 금리 차이가 줄어든다. 우리나라 자산 투자의 환 변동 리스크를 보상하는 추가 금리의 폭이 줄어들기 때문에 우리나라 채권에 대한 투자 매력이 감소한다. 우리나라 채권을 팔고 미국의 채권을 매입함에 따라 국내 채권에 투자된 외국 자본이 유출될 수 있다.

» 미국 금리 인상 시 외국 자본의 일시적 유출 가능성은 낮아

미국이 금리를 인상하더라도 실제로 대규모 외국 자본의 일시적 유출 가능성은 낮다. 그 이유는 다음과 같다.

첫째, 미 연준은 금리 인상 시기와 폭을 시장의 기대와 크게 다르지 않게 결정할 것으로 생각된다. 미 연준의 양적 완화로 세계 경제가 가까스로 회복되는 상황에서 시장의 기대에 비해 조기에 또는 대폭의 금리를 인상하게 되면 세계 경제는 다시 충격에 빠질 수 있다. 따라서 미 연준은 세계 경제에 큰 충격이 가지 않는 범위 내에서 통화 정책의 정상화 수순을 밟을 것으로 예상된다.

둘째, 미국의 금리 인상은 우리 경제에 긍정적인 효과도 있어서 미국의 금리 인상에 대한 부정적인 효과가 일부 상쇄될 것이다. 미국의 금리 인상은 미국 경제가 호조를 보인다는 점을 미 연준이 확인시켜 주는 것이다. 미국 경제의 호조는 우리나라 제품에 대한 수요 증대로 우리나라의 수출 물량을 증가시킨다. 또한 달러화 강세로 인해 우리나라 수출의 가격 경쟁력이 개선되는 측면이 있다. 물론 대규모 자본의 일시적인 유출에 의해 원·달러 환율이 급격히 상승하지 않는 범위 내에서 그렇다는 것이다.

21세기
통화 전쟁

미국 주도 국제 통화 질서의 지속성에 대한 논의 제기

글로벌 위기 이후 달러화 중심 통화 질서에 회의론 제기

• • • 글로벌 위기 이후 달러화 중심 통화 질서 개관

현재 세계의 정치, 경제 질서는 크게 4대 권역을 중심으로 움직이고 있다. 미국, 유로 지역, 중국, 일본이 국제 통화 질서의 기본 방향은 물론 중요 정책 결정 과정에 큰 영향을 미치고 있다. 이들 4대 권역의 국가들은 그때그때 상황에 따라 각각 자국의 이익에 부합되는 방향으로 상호 협력하고 비판하면서 국제 통화 질서를 이끌어 가고 있다.

미국은 경상 수지 적자를 달러화를 발행하여 지급한다. 지급된 달러화는 교역 상대국으로 유입되고 그중 일부는 투자를 통해 다시 미국으로 유입된다. 이 과정에서 미국은 기축 통화인 달러화를 발행함에 따라 발생하는 화폐 제조 차익인 시뇨리지

(seigniorage)²를 얻는다. 또한 경상 수지 흑자국들이 외환 보유액을 안전 자산인 미 국채에 투자하려는 수요에 의해 쉽게 미 국채를 발행해 달러화를 다시 미국으로 유입시킨다. 물론 이러한 달러화 기축 통화 위상은 미국의 군사력, 신용 평가 회사, 국제기구 주도력 등과 밀접한 상호 작용을 통해 초강대국으로서 미국의 위상을 떠받치고 있다.

중국은 중국이 세계의 중심이며 세계 문명의 발상지라는 자부심이 강한 나라이다. 최근에는 세계 최대의 외환 보유액, 세계 최대의 미 국채 보유, 고성장 지속 및 경제 규모 확대에 따라 높아진 국제적 위상 등으로 미국과 대등함을 인정받은 유일한 국가이다. 국제 사회는 이를 두 나라 그룹이라는 의미의 G2(Group of 2)로 부르고 있다. 중국은 G2에 만족하지 않고 미국을 넘어서기 위해 위안화를 기축 통화로 키우려는 야심을 가지고 위안화 국제화를 추진하고 있다.

---

2 미국이 달러화 발행으로 얻는 화폐 제조 차익은 얼마나 될까? 우선 미 달러화 화폐 장당 발행 비용은 약 10센트 수준이라고 한다. 1달러 지폐나 100달러 지폐나 지폐 장당 발행 비용은 거의 같다. 전 세계에 유통되고 있는 미 달러화 지폐 가치 총액에서 미 달러화 지폐 수에 10센트를 곱한 금액을 빼면 된다는 말이다. 그 차익은 독자의 상상에 맡긴다. 그뿐만 아니라 미국이 재화를 수입하고 그 대금을 계좌 이체를 통해 지불하는 경우는 대부분 달러화 지폐 발행도 필요 없다. 계좌 이체에 필요한 직원의 인건비, 통신료 등이 비용이다. 이 경우는 달러화를 계좌 이체하고 재화를 수입하여 사용하므로 달러화 지폐를 발행하지는 않지만 미 달러화를 지불하는 것이므로 넓은 의미의 화폐 제조 차익이라고 볼 수 있다. 수천 억 달러 또는 그 이상을 계좌 이체를 통해 지불하기 때문에 그 차익은 미 달러화 지폐를 발행한 경우보다 훨씬 더 클 것으로 생각한다.

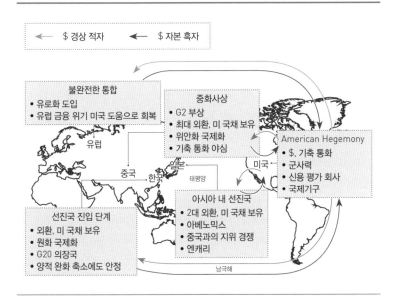

일본은 세계 2위 경제 대국의 지위를 오랜 기간 누리다가 이제 그 지위를 중국에 내주었다. 일본의 금리가 낮아서 일본 엔화를 차입해서 수익성이 높은 나라의 자산에 투자하는 엔캐리 투자(Yen Carry Trade)로도 잘 알려진 국가이다. 최근에는 일본의 아베 총리를 중심으로 경기 회복을 위해 일본 엔화의 공급을 크게 늘리는 정책을 추진하고 있다. 국제 사회로부터 통화 가치 하락에 의한 수출 경쟁력 제고 정책이라는 비난을 받기도 하였으나 미국의 지지를 받으면서 이 정책은 국제적으로 인정받게 되었다. 일본의 경기 회복으로 경상 수지가 회복되면 미 국채를 매입할

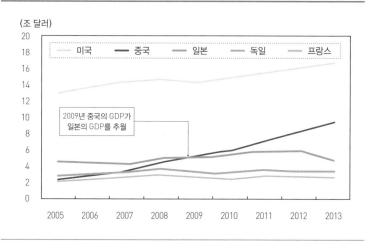

자료: IMF

수 있을 것이며, 이를 통해 미 국채에 대한 중국의 영향력을 약화시킬 수 있다는 점에서 미국이 일본을 지지한 것으로 판단된다.

　유럽은 1999년에 유로화를 공동 통화로 도입하였다. 그러나 유럽의 3대 경제 국가인 영국이 유럽 연합에는 가입하였으나 유로화를 사용하지 않고 있다. 또한 유로화를 사용하는 유로 지역 국가들 간에도 행정적인 통합이 안 되어 있다. 따라서 2008~2009년 글로벌 금융 위기 때 유로 지역 국가들 자체의 능력만으로 위기를 극복하지 못했다. 미 연준과 ECB 간 무제한적인 통화 스와프에 의해서 위기를 극복하면서 미국과 대등하지 못하다는 점을 인정할 수밖에 없었고 자존심에 많은 상처를 입었다.

유로 지역 주요국 명목 GDP(2013년 기준)

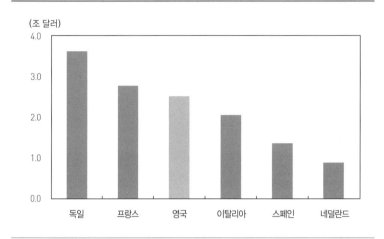

(조 달러)

자료: IMF

・・・ 2008년 위기 이후 달러화 아닌 기축 통화 주장 대두

2008년 글로벌 금융 위기 이후 그동안 통화 질서를 이끌어 온 미국의 지위가 앞으로도 계속 유지될 수 있을지에 대한 의문이 제기되었다. 중요한 것은 이번 위기가 미국을 비롯한 선진국에서 발생되었고, 위기 극복 과정에서 미국이 주요 선진국 및 일부 신흥 시장국 중앙은행과의 통화 스와프, 양적 완화 등을 통해 대규모의 달러화와 유로화의 유동성을 공급하였다는 것이다. 이에 따라 달러화 가치의 하락 우려가 제기되었고 기축 통화인 달러화 대신 IMF가 발행하는 SDR(special drawing rights)[3]을 초국가적

---

3 브레턴우즈 체제하에서 핵심 준비 자산은 일정량의 금과 태환되는 미 달러화였으나, 미국의 국제 수지 적자 지속으로 미 달러화의 금 태환에 대한 신뢰가 저하되면서 새로운 준비 자산의 필요성이 제기되었다. 이러한 상황에 대응하여 IMF는 1969년 특별 인출권(special drawing rights) 제도를 도입하였다. 그러나 그로부터 몇 년 후 브레턴우즈 체제가 붕괴되면서 주요국들이 변동 환율제로 이행하였고 국제 자본 시장의 발달로 해외 차입도 용이해지면서 SDR에 대한 수요는 감소하였다. 오늘날 SDR은 준비 자산으로서 제한적으로 사용되고 있으며 IMF와 아프리카 개발 은행(AFDB) 등 일부 국제 금융 기구의 회계 단위로만 기능을 하고 있을 뿐이다(한국은행, 《국제금융기구》, 2011).

준비 통화로 채택하자는 주장도 나오게 되었다. 또한 지역 공동 통화 창설 움직임이 퍼지기 시작했고, 미국 신용 평가 회사의 기능에 대한 부정적 견해도 거론되었다.

그러나 이러한 논의의 근본 배경은 신흥 시장국 특히 중국의 부상이다. 중국은 지속적인 고성장에 따른 경제 규모의 급팽창, 경상 수지 흑자 누적을 바탕으로 한 외환 보유액의 급증, 군사력 증강 등을 배경으로 미국 주도 국제 사회 질서의 단점을 주저 없이 비판하고 있다. 최근에는 인도, 인도네시아, 브라질, 러시아 등 경제력이 큰 다른 신흥 시장국들도 자국의 경제적 위상에 걸맞은 국제 사회의 대우가 필요하다는 목소리를 키우고 있다.

달러화의 기축 통화 지위 지속 여부 논쟁

• • • 미국, 경상 수지 적자 지속으로 달러화의 발행 증가

미국은 기축 통화인 달러화를 발행한다. 달러화는 세계 모든 금융 시장과 국제 교역에서 가장 선호되는 통화이다. 따라서 미국은 자국에서 생산되는 제품은 물론 다른 나라에서 생산되는 제품도 달러화로 수입해서 소비하는 데 아무 제약이 없다. 그러다 보니 미국은 통상 경상 수지가 큰 폭의 적자이며 그 적자 추세가 지속되고 있다. 그래프가 보여 주듯이 많게는 연간 8,000억 달러

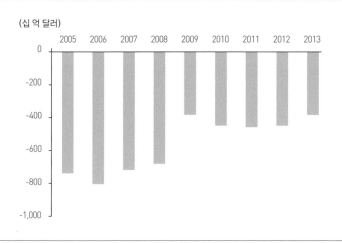

(십 억 달러)

자료: IMF

수준, 적게는 연간 4,000억 달러 수준의 적자가 지속되고 있다.

그런데도 미국은 건재하고 있을 뿐 아니라 세계의 정치, 경제 질서를 주도하고 있다. 그 힘은 어디에서 나오는 걸까? 한마디로 기축 통화인 달러화의 발행에서 나온다.

그럼 기축 통화란 무엇인가? 기축 통화(key currency 또는 vehicle currency)란 국제 상거래나 금융 거래에서 주로 통용되는 통화를 지칭한다. 고전적인 기축 통화는 금 본위 제도하에서의 금이며, 관리 통화 제도로 이행한 이후에는 세계 경제를 선도하는 국가의 통화가 그 역할을 담당하여 왔다. 금 본위 제도가 붕괴되고 제2차 세계대전 이후 미국이 초강대국으로 부상하면서 미 달러화가 현재까지 기축 통화의 지위를 유지하고 있다. 유로화와 엔화도 기축 통화라는 주장이 있으나 기축 통화로 보기에는 다소 미흡하다는 것이 필자의 견해다. 유로화와 엔화는 국제 금융 시장에서 유통은 되지만 달러화와 동등한 위상을 갖고 있지 않기 때문에 기축 통화라기보다는 널리 통용되는 국제 통화라고 보는 것이 보다 합리적일 것이다. 결국 미 달러화만큼 모든 국제 거래에서 사용될 수 있고 그 가치도 안정적인 통화는 없다.

필자는 달러화의 위상을 입증하는 근거로 2008년 이후 글로벌 금융 위기가 당초 미국에서 시작되었지만 위기 극복은 미 달러화의 공급 증가에 의해 가능했던 사례를 제시한다.

위기 상황에서 미국과 유럽 등 주요 금융 기관들이 유동성을 회수하면서 전 세계적으로 달러화가 귀해졌고 미 연준은 결국 달러화를 대규모로 공급했다. 미 연준은 양적 완화를 통해 자국의 금융 시장 안정을 도모했다. 또한 유럽중앙은행(ECB)과 한도의 제약 없는 통화 스와프를 통해 유로화를 사용하는 국가들 즉, 유로 지역의 금융 시장을 안정시켰다.

여기서 중요한 점은 유로 지역의 금융 시장 안정이 자체적인 유로화의 공급 증대만 가지고는 불가능했다는 사실이다. 미 연준이 ECB와 통화 스와프 협정을 통해 미 달러화의 무제한 방출 약속을 함으로써 유로 지역의 금융 시장이 안정되었다. 따라서 유

미 연준의 자산

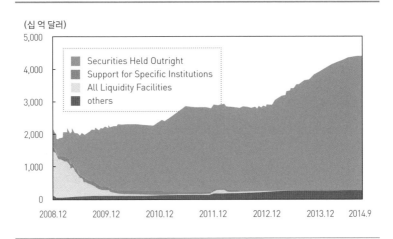

자료: FRB

미 연준과 각국 중앙은행과의 통화 스와프 잔액

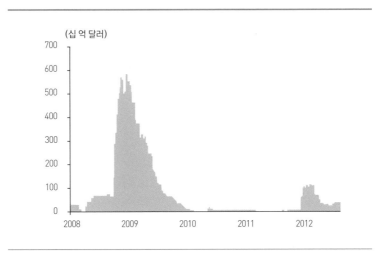

자료: FRB(황인선(2012)에서 재인용)

로화는 미 달러화와 대등한 기축 통화가 될 수 없는 것이다.

미국은 자국에서 촉발된 금융 위기를 수습하기 위해 자국 통화 공급을 무제한적으로 늘렸음에도 불구하고 미 달러화 가치가 하락하지 않았다. 오히려 미 달러화의 발행을 통해 유로 지역과 아시아 등 신흥 시장국의 유동성 부족을 해소시키면서 미국만이 글로벌 금융 위기를 해결할 수 있다는 인식을 심어 주었다.

우리나라도 그 당시 미 연준과의 300억 달러 통화 스와프 발표(2008년 10월 30일) 후 환율이 하루 만에 177원 하락(1,427.0원→1,250.0원)하고 외환 시장이 급속히 안정을 되찾았다. 또한 Aizenman과 Pasricha의 논문(〈NBER Working paper〉, 2009)에 따르면 미 연준과 통화 스와프를 체결한 브라질, 멕시코의 경우도 통화 스와프 체결 후 CDS(Credit Default Swap) 프리미엄이 크게 안정되었다. 위기는 미국에서 발생하였지만 미국은 위기 해결 과정에서 달러화 공급 증대를 통해 국제 금융 위기의 해결사로서 오히려 미국의 위상을 높이고 국제 사회의 주도권을 더욱 강화한 것이다.

엔·달러, 달러·유로 환율 추이

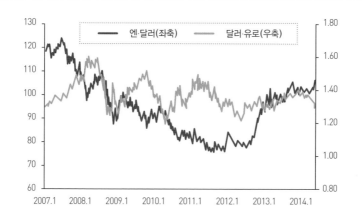

자료: 한국은행

미 연준과의 통화 스와프 체결 전후의 CDS 프리미엄 추이

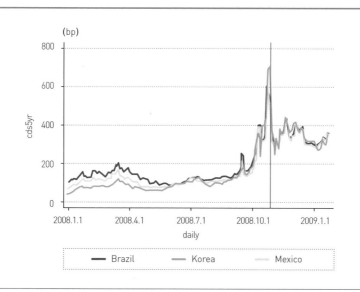

자료: Aizenman and Pasricha(2009)

미국의 경상 수지 적자는 교역 상대국의 경상 수지 흑자를 의미한다. 이는 곧 경상 수지 흑자국들이 수취한 달러화를 외환 보유액으로 축적하고 있음을 뜻한다. 다음 표에서 보듯이 주요국의 외환 보유액 규모는 2014년 3월 말 기준 중국이 약 4조 달러, 일본이 약 1조 3,000억 달러, 우리나라도 약 3,500억 달러에 이른다.

일반적으로 각국의 외환 보유액 중에는 달러화가 가장 큰 비중을 차지하고 있다. IMF의 발표에 의하면 외환 보유액 중 달러화 비중이 감소 추세에 있기는 하지만 여전히 60%를 넘는다. 미국

주요국의 외환 보유액 규모(2014년 3월 말 기준)

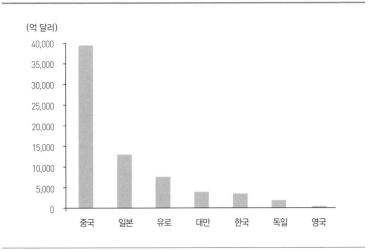

자료: 한국은행

세계 외환 보유액의 통화별 구성 (단위: %)

구분	2001년	2013년
달러화	71.5	60.9
유로화	19.2	24.5
엔화	5.0	3.9
파운드화	2.7	4.0
기타 통화	1.6	6.7

자료: IMF

이 발행한 달러화의 약 절반이 미국 이외에서 유통되고 있다는데 그 대표적인 예가 외환 보유액이다.

••• 외환 보유액 유지의 효과

» 금융 시장 안전망 기능

외환 보유액을 적정 수준으로 유지하는 것은 보유 국가 입장에서 금융 시장 안전망 역할을 하는 긍정적인 측면이 있다. 경상 수지 적자가 지속되고 대외 채무의 상환 요구가 있더라도 보유 외환이 충분하면 이를 이용해서 결제할 수 있다. 따라서 외국 투자자들은 이 나라를 안전 투자처로 평가하고 국제 금융 시장의 불안정성이 커지는 경우에도 외환 보유액이 적은 국가에 비해 상대적으로 덜 불안해 하고 자본 회수 요구를 성급히 하지 않는다.

1997년은 우리나라가 외환 보유액이 충분하지 않았던 상황이

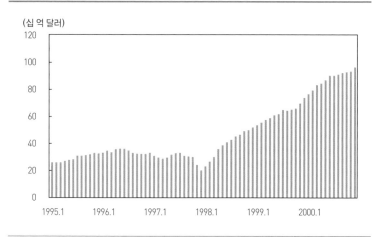

자료: 한국은행

었다. 따라서 동남아시아 통화 가치의 급락 등으로 국제 금융 시장이 불안해졌을 때 우리나라에 대한 채무 상환 요구와 투기적 외환 거래 등으로 큰 어려움을 겪었다.

그러나 지금은 상황이 다르다. 2013년 6월 19일 미 연준 의장의 양적 완화 축소 가능성 발언으로 신흥 시장국에서 외국 자본이 유출되었고 환율, 금리, 주가 등의 변동성이 커졌지만 우리나라 금융 시장은 상대적으로 안정적이었다. 당시 16개월 연속 경상 수지 흑자를 바탕으로 한 약 3,300억 달러의 외환 보유액이 가장 큰 힘이 되었다.

원·달러 환율 및 KOSPI 지수

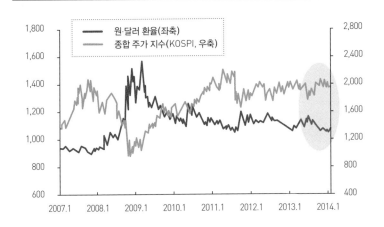

6월 19일
버냉키 발언

6월 24일*

원·달러 환율(좌축)
종합 주가 지수(KOSPI, 우축)

* 미 지역 연준 총재들의 버냉키 쇼크 진화 발언(p.36 참조)
자료: 한국은행

주요 신흥국 환율 변동 및 경상 수지

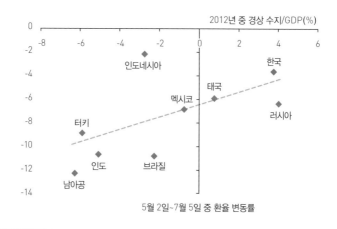

주요 신흥국의 통화 가치 변동

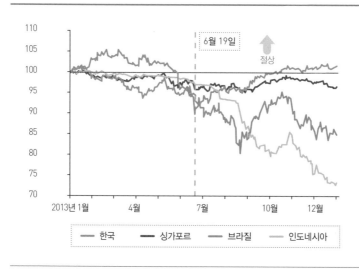

›› 외환 보유국의 위상 제고

외환 보유액은 국제 사회에서 보유 국가의 위상과 발언권을 높이는 역할을 하는 측면도 있다. 대부분의 국가들은 외환 보유액의 수익성을 꾀하면서도 안전성을 확보하기 위해 미 재무부 국채를 매입한다. 이는 곧 미 재무부에 대한 채권 또는 청구권(claim)을 갖고 있음을 의미한다. 채권자는 채무자에 대해 우위에 있을 수 있고 채무자는 채권자의 결정으로부터 자유로울 수 없다. 이러한 관계가 최근 미국과 중국 사이에서 읽혀진다.

중국은 국제 사회에서 위안화 환율의 하락 속도를 인위적으로 조절하는 것으로 인식되고 있다. 위안·달러 환율의 전일 대비 변동 폭을 상하 일정 범위 이내로 제한하고 있는 것으로 알려져 있기 때문이다.

중국과의 교역에서 적자 규모가 큰 미국이 중국을 환율 조작국으로 지목하고 보복 관세를 부과할 수 있는데도 불구하고 미국은 그렇게 하지 않고 있다. 미국이 중국에 보복 관세를 부과하면, 중국이 대량으로 보유하고 있는 미 국채를 시장에서 매도함으로

중국 위안화의 대미 달러 환율 일 중 변동 폭 상·하한 조정

2005.7.22 이전	2005.7.23	2007.5.21	2012.4.16	2014.3.17
기준 환율의 0.3% 이내	기준 환율 ±0.3%	기준 환율 ±0.5%	기준 환율 ±1.0%	기준 환율 ±2.0%

자료: 중국인민은행, SAFE(한국은행 북경 사무소·상해 주재원(2014.3.17)에서 재인용)

실제 달러화·위안화 환율의 일일 변동 폭

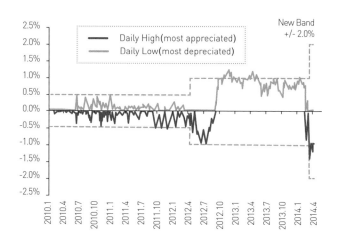

자료: Report to congress on international economic and exchange rate policies(2014.4)

써 미 국채 시장과 달러화의 위상에 타격을 줄 수 있기 때문이라는 것이 전문가들의 견해다. 우리나라도 2008년 글로벌 금융 위기 당시 미 연준과의 통화 스와프 협상 과정에서 당시 기획 재정부 장관이 미 재무부 장관에게 유사한 압력을 넣은 것이 협상 성공에 도움이 되었다는 보도가 있었다. 물론 미국 측으로부터 확인받은 바는 없으나 가능성을 부정하고 싶지는 않다. 그전까지 미 연준이 신흥 시장국과 통화 스와프 협정을 맺은 사례가 없었기 때문이다.

• • • 외환 보유액 유지의 부담: 안전성과 수익성을 동시에 확보해야

외환 보유액은 그 유지에 상당한 비용이 수반될 수 있다. 외환 보유액의 증가 사유 중 대표적인 것으로 우리나라 외환 시장으로 유입된 외환의 일부가 외환 당국(정부 또는 중앙은행)에 의해 매입되는 경우가 있다. 먼저 외환이 우리나라 외환 시장으로 유입되는 경로를 살펴보자.

첫 번째 경로는 수출 업체가 달러화로 받은 수출 대금을 국내 외환 시장에서 매도하고 원화를 받는 경우이다. 두 번째 경로는 기업이나 은행 등이 차입 등으로 조달한 외화를 국내 외환 시장으로 들여오는 경우이다. 들여온 외화는 외환 시장에서 매도되거나 외화 예금 등으로 보유된다. 세 번째 경로는 외국 은행이나 헤지 펀드 등이 환차익 등을 목적으로 달러화를 들여와서 국내 외환 시장에서 매도하는 경우이다. 끝으로 정부나 중앙은행이 필요에 의해 직접 외화를 들여오는 경우다.

외화의 유입은 달러화로 들여온 후 국내 외환 시장에서 원화를

외환 보유액 증감 요인

증가 요인	감소 요인
• 경상 수지 흑자 • 자본 수지 흑자 　- 외국인 투자 자금 유입 등 • 외환 보유액 운용 수익	• 경상 수지 적자 • 자본 수지 적자 　- 외국인 투자 자금 유출 등 • 외환 보유액 운용 손실

대가로 매도되는 경우[4] 원·달러 환율의 하락 요인이다. 여기서 외화의 급격한 유입으로 원·달러 환율의 하락 속도가 과도할 경우에는 수출 기업 등 경제 주체들이 이에 대응하기 어렵게 된다. 이에 따라 금융 시장과 실물 경제의 안정성이 크게 저해될 것으로 우려되는 경우에는 외환 당국(정부 또는 중앙은행)이 외환 시장 안정 조치를 취할 수 있다. 환율의 하락 속도가 실물 경제 여건이나 동향에 비해 과도하다고 판단될 때에는 외환 시장에서 원화를 매도하고 달러화를 매입할 수 있다. 그렇게 함으로써 원·달러 환율의 하락 속도를 완화시키고 기업 등 경제 주체들이 환율의 하락에 대응할 시간을 벌어 줄 수 있는데 이 과정에서 외환 보유액이 증가한다.

외환 당국은 외환 보유액의 조달 비용이 발생하기 때문에 외환 보유액의 운용 수익을 가급적 조달 비용 이상으로 높이는 방안을 강구해야 한다.

먼저 조달 비용을 살펴보자. 정부는 달러화 매입용 원화를 외국환평형기금채권(이하 외평채)을 발행해서 조달하므로 이 경우 외평채 발행 금리가 원화 조달 금리가 된다. 중앙은행은 달러화 매입용 원화를 발권력으로 발행한 후 인플레이션 압력을 상쇄하

---

4 외환 시장은 외환의 매매 시장과 대차 시장으로 구분될 수 있다. 우리나라 외환 시장에 유입된 달러화가 매매 시장에서 매도되지 않고 대차 시장인 스와프 시장에서 빌려 주는 형태로 거래되는 경우에는 외화 대차 시장의 가격인 스와프 포인트가 상승한다. 이 경우 스와프 시장에서 빌려 주는 거래 형태로 공급되는 달러화는 원·달러 환율의 직접적인 하락 요인은 아니라는 것이 일반적인 견해이다.

기 위해 통화 안정 증권(이하 통안증권)을 발행해 유동성을 흡수하게 된다. 따라서 중앙은행은 원화 조달의 직접 비용은 없으나 통안증권 발행 비용을 원화 조달에 수반되는 비용으로 감안해야 한다. 외평채와 통안증권은 각각 정부와 중앙은행이 발행하는 특성상, 무위험 채권으로 간주되기 때문에 발행 금리가 별 차이 없는 것이 일반적이다.

이제 운용 수익을 살펴보자. 우리나라는 외환 보유액의 운용 수익을 공개하지 않기 때문에 외환 보유액 운용 수익이 조달 비용을 상회하는지 여부를 확인할 수는 없다. 그러나 외환 보유액은 외환 당국이 비상시 대외 지급 가능성에 대비하여 보유하는 비상금 성격이 있다. 우리나라의 원화가 기축 통화가 아니기 때문에 국제 금융 시장의 불안정성이 확대될 경우에는 원화를 대가로 외화를 원활히 조달하지 못하는 경우가 발생할 수 있다. 이러한 가능성에 대비하여 충분한 달러화 유동성을 보유해야 하기 때문에 외환 보유액을 수익성만 중시하여 우선적으로 투자할 수 없는 한계가 있다. 따라서 외환 보유액 운용의 투자 기법 및 리스크 관리 기법을 꾸준히 개발하여 안전성을 확보하면서 수익률을 높여야 하는 것이 외환 당국의 부담이다. 반면 기축 통화를 보유한 미국은 외환 보유액을 비축할 필요가 없고 따라서 외환 보유액 운용과 관련하여 안전성과 수익성을 높여야 하는 고민을 할 필요도 없다.

외환 보유액 적정 규모와 관련한 논의

그렇다면 외환 보유액의 적정 규모는 어느 정도일까? 이에 대하여 국제
기구와 학자들은 지표를 통한 판단 방법을 제시하였다. 예를 들면 연간
경상 지급액의 25%(IMF), 유동 외채 대비 100%(Greenspan and
Guidotti) 및 광의통화 대비 5~20%(Wjinholds and Kapteyn) 등으
로 적정 외환 보유액 수준을 판단할 수 있다는 것이다.

그러나 IMF의 Marta Ruiz-Arranz와 Milan Zavadjil(2008년)가 분
석한 바에 따르면 대부분의 아시아 신흥국들은 지표를 통한 판단 방법
에서 산출된 적정 규모 이상의 외환 보유액을 비축하고 있는 것으로 알
려졌다. 이들 연구자는 이를 설명하기 위하여 Jeanne(2007년)의 모
형을 이용하여 최적 외환 보유액을 산출해 보았다. 동 모형은 외환 위
기가 발생할 경우 예상되는 금융 시스템 혼란, 사회 후생 저하 등에 대
비하기 위한 예비적 동기도 감안한 것이다. 그 결과 모형에 의해 산출된
최적 외환 보유액 수준은 현재 아시아 신흥국들의 외환 보유액 보유 규
모를 잘 설명하는 것으로 나타났다.[5]

이러한 점이 반영되어서인지 IMF(2011년)가 2011년 각국별로 외환
보유액 보유 동기를 서베이 한 결과에 따르면 예비적 동기(buffer for
liquidity needs)가 가장 많다.

---

5 그러나 중국은 이 모형에 의한 최적 외환 보유액의 두 배에 달하는 규모를 보유하고 있는
것으로 밝혀졌다.

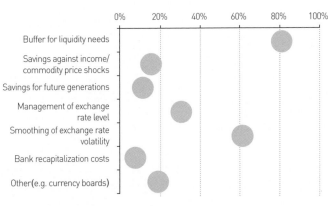

Reasons for building reserves

| | 0% | 20% | 40% | 60% | 80% | 100% |
Buffer for liquidity needs
Savings against income/
commodity price shocks
Savings for future generations
Management of exchange
rate level
Smoothing of exchange rate
volatility
Bank recapitalization costs
Other(e.g. currency boards)

Source: IMF survey of reserve managers.

자료: Marta Ruiz-Arranz and Milan Zavadjil,
Are Emerging Asia's Reserves Really Too High?, IMF working paper 2008.
Assessing reserve adequacy IMF, 2011.2

» 중국, 달러화 함정에 빠지다

외환 보유액을 달러화 자산으로 보유하는 부정적 효과와 관련
하여 달러화 함정 논쟁을 소개하고자 한다. 이 논쟁은 세계 최대
외환 보유액 및 미 국채 보유 국가인 중국이 필요시 미 국채 또는
다른 달러화 자산을 대량 매도할 수 있는지에 대한 의문으로 제
기되었다.

주요국의 미 국채 보유 현황(2014년 6월 말 기준)

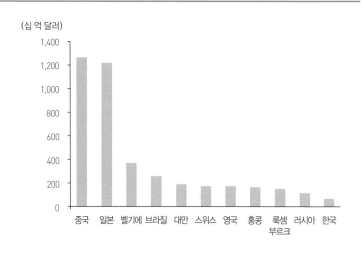

자료: 미 재무부

이 논쟁의 핵심은 미국이 중국을 환율 조작국으로 지정하는 등 중국에 불리한 조치를 할 경우, 중국이 이에 대응하여 미 국채나 달러화를 대량으로 매도할 수 있는가에 있다. 중국이 미 국채를 대량 매도할 경우 미국의 채권 시장이 큰 혼란에 빠지고 미 달러화 가치도 크게 하락하겠지만 중국도 큰 피해를 입을 수 있기 때문이다.

중국이 미 국채를 대량 매도할 경우 세계에서 미 국채를 가장 많이 보유하고 있는 중국이 미 국채 가격 하락에 따른 자산 가치 감소의 피해를 가장 크게 입을 것이다. 또한 중국이 세계 최대의 외환 보유국이며 통화별로는 달러화 자산 비중이 가장 큰 상황에

70

서 미 국채의 대량 매도로 미 달러화 가치가 하락하면 외환 보유액 중 달러화 자산의 가치를 다른 통화 기준으로 환산했을 때 평가 가치가 크게 하락한다.

이 논쟁은 다른 각도에서 보면 중국 등 세계 주요 외환 보유액 국가들이 미 달러화가 약세 추세에 있을 때 달러화 자산을 다른 통화 자산으로 바꾸는 보유 통화의 다변화 정책을 적극 추진하지 못하는 점[6]을 이해하는 데 도움이 된다.

••• 달러화 공급 확대로 달러화 가치 하락 우려 제기: 기우(杞優)

미국의 경상 수지 큰 폭 적자가 장기적으로 지속 가능한가에 대한 논란이 계속되는 가운데, 2008년 미국에서 비롯된 금융 위기가 전 세계적으로 확산되면서 이를 극복하기 위해 막대한 규모의 달러화가 공급되었다.[7] 이에 따라 달러화 가치가 하락할 수 있다는 우려가 제기되었다.

그러나 결론부터 말하면, 미 달러화 가치는 2008년 이후 중앙은행 간 통화 스와프와 양적 완화 등으로 미 달러화 공급이 크게

---

6 중국의 외환 보유액 약 4조 달러 중 약 60%를 달러화 자산이라고 가정하면 그 규모는 약 2조 4,000억 달러에 이른다. 향후 달러화 가치 하락이 예상될 경우 중국은 달러화 표시 자산 보유 비중을 줄이고 다른 통화 표시 자산 보유 비중을 늘리고 싶을 수도 있다. 그런데 이 경우 예를 들어 달러화 표시 자산 중 10%를 다른 통화 표시 자산으로 전환하여 자산 가치가 증가할 경우 달러화 표시 자산 중 나머지 90% 자산은 다른 통화 표시로 자산 가치가 하락할 것이다. 이 경우 어느 정도로 보유 자산 통화 다변화를 하는 것이 최선인가 하는 난제(難題)에 봉착하게 된다.

7 55쪽 미 연준의 자산 표 참조.

늘어났음에도 불구하고 하락하지 않았다. 먼저 실제 달러화 가치
가 하락했는지 여부를 살펴보고 그 이유를 알아보자.

···2008년 이후 실제 달러화 환율: 달러화 가치 유지

실제로 2008년 글로벌 금융 위기 이후의 미 달러화 지수를 보면,
위기 이후 일시적으로 하락(달러화 약세 의미)하였다가 바로 상승
(달러화 강세 의미)한 후 등락을 보이고 있다. 달러화 공급 증가로
인해 달러화가 약세를 유지하였다고 판단할 수 없는 대목이다.

달러화 지수

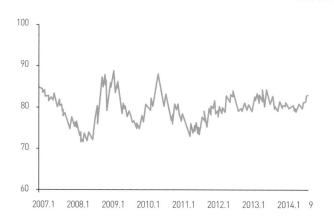

100=1973년 3월
자료: Bloomberg

》 경상 수지 적자는 상당 부분 자본 수지 흑자로 보전

환율은 경제학적인 관점에서 보면 하나의 가격이다. 따라서 변동 환율제 하에서 환율은 외환의 수요와 공급에 의해 결정되며, 외환의 수요와 공급은 기본적으로 국제 수지에 의해 가장 크게 영향을 받는다. 통상 경상 수지가 적자인 경우는 자국 내 외환 시장에서 달러화의 공급이 수요에 비해 상대적으로 부족하게 된다. 이에 따라 국내 외환 시장에서 미 달러화가 상대적으로 귀해지면 자국 통화 가치가 하락된다. 그리고 이 부족한 달러화는 주로 해외 차입에 의해 충당된다. 이 경우 해외 차입이 원활히 이루어지지 않으면 국내 외환 시장에서 원·달러 환율이 가파르게 상승할 수 있고 최악의 경우 외환 위기로 연결될 수도 있다.

그런데 미국의 경우는 다르다. 경상 수지 적자만큼 자국 통화인 달러화를 발행하여 지급할 수 있기 때문에 경상 수지 적자 때문에 외화를 조달할 필요가 없다. 또한 미국의 경상 수지 적자가 상당 부분 미 국채 투자 수요에 따른 자본 유입으로 메워진다. 미국 경상 수지 적자의 상대국들이 흑자로 벌어들인 달러화를 안전한 형태의 외환 보유액으로 유지하기 위해서는 미 국채가 최적의 투자 대상이기 때문이다. 다만, 경상 수지 적자 지속이 미국 경제의 부실로 해석되는 경우에는 달러화의 약세 요인으로 작용할 수 있다.

» 위기 시 달러화 공급 증가는 안전 통화인 달러화 수요 증가로 상쇄

여기에 더해서 2008년 글로벌 금융 위기 때에는 안전 통화인 달러화에 대한 수요가 여러 경로를 통해 증가함으로써 달러화 가치 하락을 억제하는 역할을 하였다.

그 첫째가 거래적 동기에 의한 달러화의 실수요 증가이다. 기조달 차입금의 만기가 도래하였으나 금융 위기로 인해 차입금의 만기 연장을 받지 못하는 금융 기관 등 차입자들이 차입금을 상환하기 위해 달러화가 필요했다. 이에 따라 시장에서 달러화의 매입 수요가 평상시에 비해 더 많이 증가했다.

둘째는 예비적 동기의 달러화 수요이다. 지금 당장은 결제일이 도래하지 않지만 향후 결제일에 필요 자금을 원활히 조달하기 어려울 가능성이 걱정될 수 있다. 이러한 우려가 있는 금융 기관 및 기업들은 어느 정도의 미래 기간 결제 예상액을 미리 확보하게 된다. 이러한 수요는 미국 이외 국가의 금융 기관, 특히 국가와 금융 기관의 신용도가 상대적으로 낮은 신흥 시장국에서 더욱 뚜렷하게 발생하게 된다.

셋째는 투기적 동기에 의한 달러화 수요이다. 국제 금융 시장의 상황이 불확실한 경우 달러화는 안전 통화이기 때문에 약세 가능성보다는 강세 가능성을 기대하는 거래자들이 더 많은 것이 일반적이다. 이러한 상황에서 향후 달러화의 강세 가능성에 기대어 달러화를 미리 확보해 두었다가 달러화 가치가 기대 수준으로 상승할 경우 달러화를 매도하여 환차익을 얻으려는 수요가 생길 수 있다. 이러한 수요는 시장 정보와 예측력에서 우위에 있는 선진국의 금융 기관에서 더 자주 일어날 수 있다.

우리나라의 경우 역외 거래자들이 NDF 거래 메커니즘을 통해 우리나라 외환 시장에서 이러한 투기적 NDF 매수 거래를 증가시킴으로써 원·달러 환율의 급상승 등 외환 시장의 불안정성이 크게 높아질 수 있다. 우리나라는 외환 시장의 규모가 크지 않고 역외의 NDF 거래에 따라 외환 시장의 변동성이 크게 영향을 받는 특성이 있다.

[참고] ──

NDF 거래 메커니즘

NDF 거래는 결제일에 원금을 주고받음이 없이 명목 원금에 환율의 차이만큼만 곱해서 그 금액을 달러화 기준으로 정산하는 차액 결제 거래 제도이다. 환율의 차이란, 계약 시점에 정한 계약 환율과 만기 시에 시장에서 형성되는 현물 환율인 지정 환율과의 차이를 말한다. 여기서 지정 환율은 통상 만기일 직전 영업일의 기준 환율을 적용하고 있다.

이제 구체적인 예를 들어 보자. 2008년 1월 15일 기준 원·달러 환율이 930.0이고, 원·달러 환율의 계속적인 하락, 즉 원화 강세(달러화 약세)가 예상되고 있다. 국내 외국환 은행이 1개월 후에 수취할 예정인 1억 달러의 평가손을 방지하기 위해 달러당 925원에 NDF 매도 계약을 체결했다고 가정하자. 이 경우 계약 환율은 925원이 되며 1개월 후에 적용할 환율을 미리 정했으므로 이는 환율의 정의상 선물 환율에 해당한다. 결제일은 현물환의 결제일에 1개월을 더한 날이 되므로 이 NDF 계약의 결제일은 1월 17일+1개월이 된다. 2월 17일이 결제일이다. 따라서 만일 결제일의 전일인 2월 16일의 기준 환율이 예상대로 925.0보다 낮은 920.0이라고 가정하면, 지정 환율은 920.0이 된다.

이 경우 NDF 매도자는 시장에서는 달러당 920원만 받을 수 있는 것을 NDF 매도 계약을 함으로 인해 달러당 925원을 받을 수 있으므로 달러당 5원의 이익이 발생한다. 따라서 차액을 돌려받게 되며, 차액 정산 규모는 100,000,000×(925-920)원이 된다. 이를 달러화로 정산해야 하므로 정산 시점의 기준 환율인 920으로 나눈 543,478.26달러를 정산받게 된다.

반대로 환율이 예상외로 상승하여 결제일의 전일 기준 환율이 935원이 되었다고 가정하자. 시장에서 달러당 935원을 받을 수 있음에도 불구하고 NDF 매도 계약에 의해 달러당 925원에 팔아야 하는 의무가 생긴 것이다. 따라서 NDF 매도 계약자가 손실을 보아야 하므로 차액을 지급해야 한다. 지급 규모는 100,000,000×(935-925)원이 된다. 이를 달러화로 정산해야 하므로 정산 시점의 기준 환율인 935로 나눈 값인 1,069,518.72달러(=100,000,000×(935-925)/935)를 정산하게 된다.

자료: 강재택, 《생활 속의 환율》, p. 152~153

미국이 기축 통화인 달러화를 발행하는 것은 제2차 세계대전 후 미국이 세계의 정치, 경제를 이끌어 가는 주도적인 역할을 하는 국가이기 때문에 가능하다. 따라서 미 달러화는 당초 미국의 국력에 기초하여 기축 통화 역할을 해 왔다는 의미다. 그런데 최근에는 미 달러화가 미국의 위상을 뒷받침하고 있으며 미국이 국익을 위해 달러화의 지위를 무기처럼 사용하는 경우가 발생하고 있다. 이제 미 달러화의 위상을 살펴보자. 통상적으로 기축 통화(key currency)란 국제 상거래나 금융 거래에서 주로 통용되는 통화를 지칭한다. 그러나 실제 국제 금융 거래의 내막을 살펴보면 미 달러화의 위력은 통상적인 기축 통화의 위력을 훨씬 뛰어넘을 정도로 강력하다.

» 달러화, 외환 보유액과 외환 시장 거래의 제1 통화

주요 통화별 국제 금융 시장 거래 비중을 살펴보면, 우선 세계 외환 보유액의 약 61%(2013년 기준)가 달러화 자산으로 구성되어 있다. 또한 여타 통화와의 외환 시장 거래 중 달러화와의 여타 통화 거래 비중이 약 44%에 이른다. 일반적으로 외환 거래는 앞뒤로 서로 다른 외환 거래와 연계되어 있기 때문에 결국 대부분의 외환 거래가 달러화에 연결되어 있다고 생각할 수 있다.

달러화 비중   (기말 잔액, %)

구분	세계 외환 보유액		세계 외환 시장 거래*	
	2001년	2013년	2001년	2013년
달러화	**71.5**	**60.9**	**45.2**	**43.5**
유로화	19.2	24.5	18.8	16.7
엔화	5.0	3.9	5.5	11.5
파운드화	2.7	4.0	11.4	5.9
위안화	-	-	-	1.1

* 해당 통화·여타 통화 거래의 비중. 4월 일평균 기준
자료: BIS, IMF

» 국제 은행 영업 이익 및 수수료 등: 미국 주요 은행들이 Top 10

국제 은행들의 영업 이익, 수수료 및 거래 이익 순위에서 미국의 은행들이 최상위권에 랭크되어 있다. 국제 금융 시장에서 미국의 은행들이 선도적인 위치에 있다는 증거다. 다시 말해 미국의 은행을 통하지 않고 국제 금융 거래를 하는 것이 사실상 어렵다는 의미다.

이제 미국이 국제 사회를 이끌어 가는 과정에서 필요한 경우 미 달러화를 무기화할 수 있다는 점이 이해될 것이다. 세계 각국이 미 달러화를 사용하지 않을 수 없다는 점을 이용해서 미국은 세계 최강의 미국 군사력으로도 해결하지 못하는 사항을 해결할 수 있다.

대표적인 사례가 이란 관련 미국 은행 계좌 사용 제한이다. 미

미국 은행들의 분야별 Top 10 순위(2013년 말 기준)

분야	은행	순위
순 수수료 소득 (Net Fee and Commission Income)	JP Morgan Chase & Co Bank of America Wells Fargo & Co American Express Company Morgan Stanley	1 2 3 5 6
단기 매매 금융 상품 관련 손익 (Net Trading Income)	Goldman Sachs JP Morgan Chase & Co Morgan Stanley Citigroup	1 2 4 7
영업 이익 (Net Operation Income)	JP Morgan Chase & Co Bank of America Wells Fargo & Co Citigroup	1 3 4 6
총 영업 이익 (Total Operating Income)	JP Morgan Chase & Co Bank of America Wells Fargo & Co Citigroup	1 3 4 6
순이자 소득 (Net Interest Income)	Citigroup JP Morgan Chase & Co Wells Fargo & Co Bank of America	4 6 7 8
법인세 비용 차감 전 당기 순이익 (Free Tax Profits)	Wells Fargo & Co JP Morgan Chase & Co Citigroup Bank of America	5 6 8 9
총자산(Assets)	JP Morgan Chase & Co	6

자료: The Banker

국은 이란의 핵 개발을 억제하기 위해 UN 등 국제 사회와 공조하여 정치적, 군사적 제반 노력을 다하였다. 미국의 우방국들에게 이란의 원유 수입을 자제해 달라고 요청한 것이다. 이는 이란의 핵 개발 자금이 주로 원유 수출 대금으로 조달된다고 판단하고 그 자금 원천을 없애기 위한 것이었다. 그러나 이러한 노력이 소기의 성과를 거두기 어렵게 되자 달러화와 미국의 은행 시스템을 무기로 이란을 압박하였다. 즉, 미국이 '2012년 미국 국방 수권법(National Defense Authorization Act of 2012)'을 제정하여, 이란으로부터 원유를 수입하는 국가는 미국의 은행에 개설된 계좌를 이용할 수 없도록 제한한 것이다.

[참고]

2012년 미국 국방 수권법의 주요 내용

■ 이란 생산 석유 및 석유 제품의 거래 금지
- 이란 이외의 국가에서 수입할 충분한 시장 물량이 있는 경우 이란 생산 석유 및 석유 제품의 수입 거래를 실행 또는 조장한 외국 금융 기관은 미국 금융 기관에 대한 계좌 개설 및 유지 금지
  - 다만 해당 국가가 이란으로부터의 원유 수입 물량을 주목할 만큼 감축하였다고 판단되는 경우에는 적용 유보 가능(첫 번째 결정 후 매 180일마다 심사)

■ 이란 중앙은행 및 여타 금융 기관과의 거래 금지
- 외국 금융 기관이 이란 중앙은행 또는 여타 이란 금융 기관과 금융 거래를 하거나 이를 조장한 경우 미국 금융 기관에 대한 계좌 개설 및 유지 금지
  - 다만 식료품, 의료 장비 등 인도적 거래 등에는 미적용

- 정부 소유(또는 통제) 은행 및 외국 중앙은행은 이란으로부터 석유 또는 석유 제품을 수입 또는 이를 조장하는 거래를 실행하는 경우에만 적용

■ 발효 및 적용 면제
- 발효: 2012년 1월 2일
- 이란 생산 석유 및 석유 제품 거래 금지는 발효 60일 후 시행하며, 외국 금융 기관의 이란 중앙은행 및 여타 금융 기관과의 거래 금지는 발효 180일 후 시행
- 적용 면제: 미국 안보에 도움이 되고 의회가 인정하는 경우에는 동 법안의 적용을 면제 가능(첫 번째 결정 후 매 120일마다 심사)

자료: 한국은행

국제 금융 시장의 거래는 대부분 미국의 은행을 통한 거래이거나 또는 이 거래와 연계되어 있음을 이미 설명한 바 있다. 여기서 미국 은행과의 거래를 못 한다는 것은 곧 국제 금융 거래를 못 한다는 것이고 이는 국제 교역, 외환 보유액의 운용, 대외 차입 등과 관련한 모든 국제 결제가 사실상 불가능함을 의미한다.

우리나라는 2013년 말 기준 교역 규모가 약 1조 달러이고, 외환 보유액이 약 3,500억 달러에 이른다. 그런데 미국의 은행과 거래를 못 하면 앞의 수치는 아무런 의미가 없다. 수출 대금을 수취

하거나 수입 대금을 지급하는 경우 대부분의 지급 결제가 미국의 은행에 설치된 계정을 통하여 이루어진다. 또한 외환 보유액 운용을 위해 미 국채 등을 매입하거나 처분하는 경우에도 마찬가지이다. 국제 금융 거래에서 미국의 은행들은 통상 환 거래 은행 또는 보관 임치 은행으로서 모든 거래의 최종적인 결제와 연결되어 있기 때문이다.

미국, 국제기구의 의사 결정을 주도

···IMF에서 사실상 거부권 보유

미국은 IMF 의결권의 16.75%를 보유하고 있다. 미국 이외 국가들이 보유하고 있는 의결권을 모두 더하면 83.25%라는 얘기다. 그런데 IMF는 주요 의사 결정에 회원국 의결권의 85% 이상을 필요로 한다. 미국이 반대하면 나머지 전체 회원국이 찬성하더라도 중요한 사안이 통과될 수 없다는 것이다. 국제 사회는 이를 미국이 IMF에서 사실상의 거부권을 갖고 있다고 이해하고 있다.

IMF가 무엇인가? 국제 통화 협력 촉진, 국제 무역의 확대와 균형적 성장 도모 등을 위해 설립된 국제기구이다. 국제 금융 시장

IMF 회원국들의 의결권(2014년 9월 기준)　　　　　　　　　　　(단위: %)

	의결권 비중*
미국	16.75(22.53)
일본	6.23(8.23)
중국	3.81(11.41)
한국	1.37(1.57)

* (　)는 2012년 기준 세계 GDP 대비 각국 GDP 비중
자료: IMF

의 안정을 위해 회원국들이 준수해야 할 각종 기준을 제정하고 준수 여부에 대한 감시 활동도 하고 있다. 또한 회원국이 유동성 부족에 처할 경우 긴급 자금을 지원하는 기능도 한다. 세계의 중앙은행이 없는 현 상황에서 사실상 그 기능을 부분적으로나마 대행할 수 있는 대표적인 국제기구다.

[참고]

IMF의 설립 목적

① 국제 통화 문제에 관한 협의와 협력을 제공하는 상설 기관을 통하여 국제 통화 협력을 촉진한다.

② 국제 무역의 확대와 균형적 성장을 도모함으로써 모든 회원국 경제 정책의 주된 목표인 고용 및 실질 소득의 확대와 생산 자원의 개발에 기여한다.

③ 외국환의 안정을 촉진하고 회원국 간의 질서 있는 환 협약을 유지하며 경쟁적인 평가 절하를 방지한다.

④ 회원국 간의 경상 거래에 관한 다자간 결제 제도의 확립과 세계 무역의 성장을 저해하는 외국환에 관한 각종 제한의 철폐에 조력한다.

⑤ 적절한 조건으로 회원국이 IMF의 일반 재원을 단기적으로 이용할 수 있게 함으로써 회원국이 국내 또는 국제적으로 유해한 조치를 취하지 않고 국제 수지 불균형을 시정할 수 있는 기회를 제공한다.

⑥ 이상과 같은 조치로 회원국의 국제 수지 불균형 지속 기간을 단축하고 그 정도를 경감한다.

자료: 한국은행, 《국제금융기구》, 2011

미국이 IMF에서 갖는 이러한 위상은 국제 사회 특히 신흥 시장국들이 미국의 눈치를 보지 않을 수 없음을 의미한다. 대부분의 신흥 시장국 입장에서는 언제든 유동성 부족으로 IMF에 유동성 지원을 신청해야 할 가능성이 있다고 생각할 것이다. 이들 국가들은 그 IMF 긴급 자금 지원 여부, 시기, 규모 등에 결정적인 영향을 미칠 미국의 정책 방향에 반대하거나 대항하기가 어려울 것이다.

우리나라도 1997년 외환 위기 때 IMF로부터 유동성을 빌린 적이 있다. 일부 학자들은 만일 그 당시 미국이 좀 더 조기에 적극적으로 우리나라를 지원하려고 했다면 우리나라가 소위 'IMF 사태'까지는 가지 않을 수도 있었을 것이라는 주장을 한 바 있다. 과거를 돌이켜 검증할 수는 없지만 이러한 주장의 배경과 근거를 다시 한 번 생각해 볼 필요는 있다.

한편, 우리나라도 IMF의 회원국이기 때문에 해마다 IMF 직원이 우리나라의 정책 수행에 대해 협의하기 위해 다녀간다. 주로 기획 재정부와 중앙은행의 정책 담당자들과 정책 수행 과정에서의 비시장적 규제 여부, IMF 기준의 위규 여부를 논의한다. 이를 IMF 실사라고 한다.

이 실사 결과 IMF가 우리나라의 외환 시장 개입이 과도하다고 판단하면 IMF는 우리나라의 환율 제도를 자유 변동 환율제가 아닌 것으로 분류한다. 이는 곧 국제 사회에서 우리나라가 지나친 고환율 정책에 의해 수출의 가격 경쟁력을 인위적으로 높인 것으로 인정된다는 의미이다.

후폭풍은 엄청날 수 있다. 세계 무역 기구(WTO, World Trade Organization)에서 불공정 수출 가격에 대해 보복 관세를 부과할 수 있다. 우리나라의 수출품에 대해 이를 수입하는 각국이 인위적인 고환율 정책으로 판단되는 만큼 반덤핑 관세를 부과하여 우리나라의 수출 가격을 다시 올려 버림으로써 수출 경쟁력이 다시 떨어진다. 또한 국제 사회에서 우리의 국격과 위상이 크게 손상되고 많은 지탄을 받게 될 것이다.

미국은 IMF 이외의 대부분 국제기구를 사실상 주도하고 있다. 이들 국제기구에서는 미국의 주도적 의사 결정 지배권이 명문화 되어 있지는 않으나 미국의 제반 지위가 복합적으로 작용하여 미 국의 발언이 가장 영향력 있게 작용한다.

대표적인 것이 세계 금융 기관의 자산 건전성을 규제하는 국제 결제 은행(BIS, Bank for International Settlements)이다. BIS가 새 로운 기준을 제정하면 모든 금융 기관은 그 기준에 의하여 평가 받고 그 평가 결과는 해당 금융 기관의 자금 조달 시 자금 조달의 용이성 여부 및 조달 금리 등에 영향을 미친다. 예를 들어 우리나 라 금융 기관이 BIS 기준에 미달한 것으로 평가받으면 그 금융 기 관은 향후 자금 조달이 어려워지고, 조달을 하더라도 자산 건전 성이 미달하거나 부도 확률이 높다는 이유로 더 높은 가산 금리 를 부담해야 한다. 이러한 BIS의 중요 정책을 결정하는 이사회의 6개 창설 회원국[8] 중 하나인 미국은 당연직 이사로 참여한다. 또 한 이사회에서 달러화를 기축 통화로 보유하고 국제 금융 거래를 이끌어 가는 미국의 주장은 다른 회원국들이 무시할 수 없는 것 이다.

---

8 벨기에, 프랑스, 독일, 이탈리아, 영국, 미국

다른 한 예로 아시아 개발 은행(ADB, Asian Development Bank)을 들 수 있다. ADB의 회원국으로서 미국은 중요한 사안에 대해 자국의 이익에 반하는 결정을 받아들이지 않는다. 예로 아시아통화기금 논의가 그것이다. 1997년 아시아 외환 위기 이후 IMF의 자금 지원을 받은 아시아 국가들은 자금 지원이 신속하지 않았고, 과도한 긴축 정책과 고금리 등 무리한 정책 요구를 한 IMF에 더 이상 의존하고 싶지 않았다. 일본의 주도로 ADB 내에 아시아 국가들끼리 기금을 조성하여 필요한 경우 상호 지원하는 방안을 논의하였으나 미국의 반대로 성사되지 못했다. IMF와 역할과 기능이 중복되는 기금을 조성하는 데에 미국이 반대한 것이다. 미국이 사실상의 거부권을 갖고 있는 IMF의 긴급 유동성 지원 기능이 약화되고 그 위상이 저하되는 것을 원치 않았던 것이다. 이 경우 미국의 ADB 투표권 비중은 5.025%로 일본(14.777%), 중국(6.153%), 인도(6.050%), 호주(5.555%)에 비해 낮지만, 비록 투표권 비중이 낮더라도 미국의 주장을 무시할 수 없는 현실을 입증하는 사례로 볼 수 있다.

••• 미국의 주도권 지속 예상

미국이 IMF를 비롯한 대부분 국제기구를 사실상 주도하고 있는 상황은 틀림없으나 최근에는 이에 대한 변화의 필요성이 제기되고 있다. 중국을 비롯한 신흥 시장국들이 자국의 경제 성장 세계 주요 경제권의 GDP 및 무역 규모 비중   (단위: %, %p)

구분	GDP					무역 규모		
	2001(A)	2010(B)	2013(C)	(B)-(A)	(C)-(A)	2001(A)	2010(B)	(B)-(A)
미국	23	20	18	-3	-5	15	11	-4
EU	25	20	19	-5	-6	39	34	-5
일본	7	6	5	-1	-2	6	5	-1
BRICs	17	25	28	+8	+11	10	18	+8
주요 아시아 국가	6	7	7	+1	+1	10	11	+1
기타	21	22	22			20	22	

자료: IMF, 한국은행 국제경제정보 제 2012-8호(2012.2.1) p. 2에서 재인용

을 바탕으로 세계 경제에 기여도가 증가하는 부분만큼 자국의 국제기구 의결권이 증가되어야 한다고 주장하고 있다. 위의 표에서 보듯이 미국을 비롯하여 EU와 일본의 세계 GDP 비중과 무역 비중이 점차 낮아지는 반면, 브릭스(BRICs, 브라질·러시아·인도·중국)의 비중은 빠르게 높아지고 있다.

» 신흥 시장국의 의결권 상향 조정, 소폭에 그칠 것

향후 주요 국제기구의 의결권은 신흥 시장국의 입장을 반영하는 방향으로 논의되고 또 개편될 것으로 예상된다. 그러나 그 개편 속도는 빠르지 않을 것으로 판단된다. 즉, 국제 사회를 주도적으로 이끌어 가고 있는 미국이 국제기구에서 주도적인 역할을 하기 어려운 수준으로까지는 지배 구조 개편이 이루어지지 않을 것

으로 예상된다. 그 이유는 국제기구 의결권을 조정하는 과정에서 마저도 미국의 영향력이 큰 상황에서 미국이 자국의 기득권을 포기하려 하지 않을 것이기 때문이다.

또한 BIS 비율 등 국제 기준의 강화 추세도 지속될 것으로 예상된다. 그 이유는 이러한 노력이 외형상은 금융 기관의 자산 건전성 개선을 통해 국제 금융 시장의 안정성을 높이기 위한 것이나, 사실은 선진국 금융 기관들에게 유리한 방향으로 진행되고 있기 때문이다. 신흥 시장국 금융 기관 중 상당수는 아직 경쟁력이 취약한 상태인데 엄격한 기준을 적용하는 것은 이들 금융 기관의 영업을 위축시키고 이에 따라 자산 건전성 비율이 더욱 악화되는 악순환의 고리가 될 수 있다. 기준 제정에 주도권을 가진 선진국들이 자국 금융 기관에게 유리한 방향으로 기준의 방향을 계속 유도할 것이라는 추측이 가능하다.

글로벌 금융 규제가 신흥 시장국에 불리하게
작용할 수 있다는 지적

글로벌 금융 위기 이후 글로벌 금융 규제 개혁 작업은 주로 선진국이 주도하고 있다. 이에 대해 신흥 시장국들은 이러한 취지는 좋으나 금융 규제 강화 시 신흥 시장국에 대한 의도치 않은 부작용이 있을 수 있다는 점을 지적하고 있다.

구체적으로 신흥국들은 미국 등 선진국이 희망하는 대로 바젤 Ⅲ (Basel Ⅲ)를 전 세계적으로 일률적으로 적용할 경우, 신흥국에 대한 무역 금융 위축 및 자본 유출 등이 발생할 가능성이 높다는 점을 제시하였다. 또한 미국이 자체적으로 추진하고 있는 볼커룰[9] 또한 미국 은행의 영향력을 감안한다면 전 세계적인 영향을 줄 수 있다는 점을 지적하고 있다. 예를 들면 볼커룰이 시행되어 미국 투자 은행들의 자기자본거래가 금지될 경우 전 세계적인 금융 상품 매매 위축이 우려된다는 것이다.

이렇게 신흥 시장국이 선진국 중심의 글로벌 금융 규제 개혁 작업에 대한 목소리를 높이는 것은 신흥 시장국의 세계 경제 기여도가 강화된 만큼 발언권을 높이려는 시도의 하나로 이해된다.

자료: 기획 재정부(2012.4)에서 인용

---

[9] 볼커룰은 미국 소재 예금 취급 기관과 시스템적으로 중요한 비은행 금융 기관의 단기 차익을 위한 자기자본거래(예를 들어 고수익을 얻기 위해 자기 고유 계정으로 주식, 채권, 파생 상품 등에 투자하는 것)를 제한하는 내용의 법안이다.

절대적 우위에 있는 미국의 군사력

• • • 미국의 국방비 지출, 2~4위국 지출 합계의 2배 수준

2013년 기준 미국의 국방비는 전 세계 국방비 지출의 36.4%로 중국, 일본, 러시아의 국방비 비중을 합한 18.6%의 약 2배 수준이다. 또한 다른 나라의 군사비 지출이 증가하는 경우에도 그 증가는 주로 미국으로부터의 무기 구입 비용 증가에 의한 것이다. 따라서 미국의 군사력에 대해 다른 나라의 군사력이 경합하는 것은 사실상 불가능하다.

그러나 미국의 군사력의 우위가 미국이 그 군사력만으로 국제 사회를 미국이 원하는 방향으로 이끌어 갈 수 있다는 것을 의미하지는 않는다. 군사력이 미국의 위상을 높이는 하나의 요소임에는 분명하나, 미국이 필요시 국제 사회를 미국이 원하는 방향으로 이끌어 가기 위하여 군사력을 사용하는 데에는 많은 제약이 따르기 때문이다.

또한 핵무기의 경우에는 숫자에 비례하여 군사력이 우위에 있음을 의미하지는 않는다. 핵무기는 1,000개 보유국이 10개 보유국에 비해 단순히 산술적으로 100배 더 우위에 있다고 말하기 어려운 특수성이 있다. 10개라도 모두 한 국가에 사용된다면 그 대상 국가는 치명적인 타격을 입을 수 있기 때문이다. 또한 핵무기를 사용하는 경우 사용 국가도 상대국으로부터 핵 공격을 받을

국가별 국방비 지출 비교(2011년 가격 기준)

(단위: 십억 달러)

구분		1993년	1997년	2003년	2007년	2013년
미국	국방비	464	387	508	604	619
	world share(%)	40.1	36.4	39.5	39.8	36.4
중국	국방비	23	26	57	97	171
	world share(%)	2.0	2.5	4.5	6.4	10.1
일본	국방비	55	57	61	61	59
	world share(%)	4.7	5.4	4.8	4.0	3.5
러시아	국방비	54	35	39	56	85
	world share(%)	4.7	3.3	3.0	3.7	5.0
한국	국방비	17	20	22	27	32
	world share(%)	1.5	1.9	1.7	1.8	1.9

자료: 스톡홀름국제평화연구소(SIPRI)

세계 100대 군수 업체의 국가별 분포(2013년 기준)

(단위: %)

기타 14%
독일 4%
일본 6%
러시아 7%
이탈리아 8%
프랑스 9%
영국 10%
미국 42%

자료: 스톡홀름국제평화연구소(SIPRI)

수 있기 때문에 쌍방 또는 전 세계의 공멸을 초래할 비극적인 사태로 연결될 수도 있다는 측면에서 핵무기는 단순히 수치에 비례하여 우열을 평가하기 어렵다.

••• 미국 군사력의 절대적 우위는 유지될 것

최근 중국이 미국과의 군사력 격차를 좁히기 위해 군사비를 증액하고 항공모함 및 최첨단 무기 개발, 미국의 항공모함에 대항할 수 있는 미사일 개발 등을 추진하는 것으로 알려지고 있다. 또한 이란 등 일부 국가들도 핵 개발을 추진하고 미국 이외 국가로부터의 무기 수입을 늘리고 있다. 이에 따라 향후 미국이 군사력을 바탕으로 세계 질서를 주도하려는 시도가 점차 그 위력을 잃을 것이라는 견해가 일각에서 대두되고 있다. 특히 핵무기와 관련하여 보면 이란, 북한, 파키스탄 등 일부 국가가 이미 핵무기를 개발한 것으로 알려지고 있다.

미국의 군사력에 비해 일부 다른 나라들의 군사력 증가 속도가 다소 빠른 면은 부분적으로 인정될 수 있다. 그러나 근본적으로 미국이 갖는 군사력의 절대 우위에는 변함이 없을 것으로 보이며 그 이유는 다음과 같다.

우선 다른 나라들의 군사비가 상대적으로 빠르게 증가하고 있으나 절대적으로 미국 수준을 따라잡는 것은 현실적으로 불가능하다. 또한 미국이 첨단 무기와 신기술을 이전하지 않는 한 질적인 면에서는 미국을 능가하는 국가가 나올 수 없다. 미 공군의 시뮬레이션 결과 미국의 최신예 첨단 전폭기 한 대가 구형 전폭기 144대를 격추했다는 보도[10]를 본 적이 있다.

미국의 무기 판매 과정에서 첨단 무기 및 군사 관련 신기술의 이전은 매우 제한적으로 이루어질 것이다. 따라서 무기와 기술을 도입하여 사용하는 국가가 그 개발 국가를 이길 수는 없는 것이다.

미국의 숨은 권력, 신용 평가 회사

• • • 미국 양대 신용 평가 회사의 시장 점유율이 83%에 달해

세계 신용 평가 시장은 미국과 유럽의 소수 평가 기관에 집중된 과점적 시장 구조를 갖고 있다. 우선 유로 지역 대부분의 국가에서 S&P, Moody's, Fitch의 3대 주요 신용 평가 회사를 적격 신용 평가 기관으로 인정한 반면 기타 국가의 신용 평가 기관을 상기 국가들이 모두 적격 신용 평가 기관으로 인정한 사례는 없다. 게다가 Fitch는 유럽의 신용 평가 기관이지만 미국의 S&P, Moody's와 유사한 신용 평가 전략을 추진하고 있다.

또한 신용 등급 설정 건수 중 미국의 신용 평가 기관인 S&P,

---

10 미 공군(〈Print news today〉 2008.1.19).

유로 지역 적격 신용 평가 기관(ECAIs)* 인가 현황(2008년 7월 말 기준)

구분	Moody's	S&P	Fitch	DBRS	JCR	프랑스 중앙은행	Coface	ICAP	Lince
벨기에	○	○	○		○	○			
녹일	○	○	○	○	○				
그리스	○	○	○					○	
아일랜드	○	○	○	○	○				
스페인	○	○	○	○					
프랑스	○	○	○	○	○	○	○		
이탈리아	○	○	○						○
룩셈부르크	○	○	○		○				
네덜란드	○	○	○	○					
오스트리아	○	○	○	○					
포르투갈	○	○	○						
핀란드	○	○	○	○					
슬로베니아	○	○	○						
키프로스	○	○	○						
몰타	○	○	○						

* Eligible Credit Assessment Institutions
자료: ECB(2008.9), 김기정·임춘성(2009)에서 재인용

Moody's가 83%, 유럽계인 Fitch가 약 13%를 차지하고 있다. 사실상 미국계 신용 평가 회사가 세계 신용 평가 시장을 주도한다고 볼 수 있다.

미 공인 신용 평가 기관(NRSROs)의 신용 등급 설정 현황* (단위: 건)

구분	국공채	ABS 등	금융 기관	회사채	보험 회사	합계**
S&P	948,300	108,400	60,700	45,400	7,800	1,170,600(44.8)
Moody's	814,087	93,913	56,486	30,439	3,953	998,878(38.2)
Fitch	217,198	58,315	54,586	14,427	4,010	348,536(13.3)
Morning -star	-	16,070	-	-	-	16,070(0.6)
여타 기관	15,919	9,998	38,086	8,338	5,107	77,498(3.1)
합계	1,995,504	286,696	209,858	98,654	20,870	2,611,582(100.0)

* SEC가 9개 신용 평가 기관의 공인 신용 평가 기관 신청서를 통해 수집한 자료를 바탕으로 작성
** ( )는 전체 신용 등급 설정 건수에서 차지하는 비중(%)
자료: 미 SEC(2011.12)

···미국 신용 평가 회사들이 제 기능을 다하지 못했다는 비판이 제기

한국은행 자료[11]에 따르면 2008년 글로벌 금융 위기 이후 미국계 신용 평가 회사가 업계를 주도함에 따른 부작용이 제기되었다.

대표적인 사례로 당시 미국의 신용 평가 회사들이 금융 기관의 리스크 분석이나 금융 위기의 예측에 실패하였을 뿐 아니라 평가의 객관성도 부족하였다는 비판이 제기되었다. 구체적으로 보면, 미국의 서브프라임 모기지 부실이 글로벌 금융 위기로 확산되면서 이와 관련된 구조화 증권의 부실을 사전에 경고하지 못한 국제 신용 평가 기관의 책임론이 부각되었다. 또한 국제 신용 평가

---

11 김기정·임춘성, 〈국제신용평가기관에 대한 규제 강화와 시사점〉, 해외경제정보 제2009-42호.

기관들은 서브프라임 관련 파생 금융 상품에 최상위 신용 등급을 부여하는 등 구조화 금융 상품의 리스크를 과소평가했다가 문제가 불거지자 서둘러 등급을 하향 조정하였다. 이에 따라 신용 평가 기관들이 금융 위기를 증폭시켰다는 비판을 받았다.

실제로 Moody's는 2007년 10~11월 초에만 198개의 AAA등급 CDO를 1회에 평균 7단계나 하향 조정하였다. 또한 주택 경기 하락에 따른 모기지 부실 가능성을 예견할 수 있었음에도 불구하고 신용 등급 하향 조정 시기가 늦었다는 비판도 제기되었다. 2007년 초부터 서브프라임 부실 문제가 표면화되었음에도 불구하고 2007년 4/4분기에 가서야 관련 증권의 신용 등급을 하향 조정하기 시작했던 것이다.

이러한 배경하에 유럽이나 중국 등에서는 아예 자체 신용 평가 회사를 설립하여 미국의 신용 평가 회사에 대항하려는 시도마저 일어났던 것이다. 이에 따라 그동안 미국의 국제 금융 시장 주도에 크게 기여하였던 미국계 신용 평가 기관들의 역할이 향후 감소할 것이라는 주장도 제기되었다.

···미국 신용 평가 회사, 미국 정부가 감독

여기서 우리는 미국의 신용 평가 기관과 미국의 금융 기관 및 미국 정부와의 밀접한 연관성을 짚어 볼 필요가 있다.

》 미국 금융 기관과 신용 평가 회사는 상호 밀접한 공생 관계에 있어

우선, 미국 금융 기관이 미국 신용 평가 기관의 주요 고객인 점이 중요하다. 미국 금융 기관이 피평가자로서 부담하는 수수료가 미국 신용 평가 기관의 주요 수입원이다. 따라서 신용 평가 기관은 피평가자들의 관대한 평가 요구 경향을 무시할 수 없게 된다. 미국 금융 기관들에 대해 엄정한 평가를 하기 어려울 수 있다는 주장이 가능한 이유다. 특히 신용 평가 회사의 수익 확대 기여도가 높은 구조화 증권 등 복잡화된 금융 상품을 발행하는 금융 기관의 경우 미국의 금융 기관들이 이를 주도하고 있어 양 기관의 밀접성이 더욱 크다고 볼 수 있다.

또한 신용 평가 기관들은 컨설팅 업무를 겸영하고 있기 때문에 피평가 기관에 각종 정보를 제공함으로써 수수료 수입을 얻게 되고 이들 기업은 취득한 정보를 바탕으로 높은 등급을 받을 수도 있다.

반면에 미국의 금융 기관과 경쟁 관계에 있는 국가의 금융 기관에 대해서는 평가 시 덜 관대한 기준을 적용할 가능성이 크다. 특히 신흥 시장국 금융 기관들의 경우 과거 금융 위기 경험 등을 이유로 보다 까다로운 평가를 받을 가능성도 있다.

》 미국 정부는 감독 기관으로서 신용 평가 회사에 큰 영향

미국 정부와 미국 신용 평가 기관 간에도 밀접한 관련성이 있다. 미국의 신용 평가 기관은 미국 정부(SEC, Securities and

Exchange Commission)가 감독 권한을 갖고 있다. 미국은 2007년 9월 경쟁 촉진을 위해 공인 신용 평가 기관 허가제를 등록제로 변경하고 SEC에 신용 평가 기관의 정보 공시, 문서 기록, 회계 보고 등 감독 권한을 부여하였다. 따라서 미국 정부는 직간접적으로 미국 신용 평가 기관에 대해 미국의 국익에 도움이 되는 방향으로 영향을 미칠 수 있다.

미국 정부, 미국 금융 기관, 미국 신용 평가 기관 간의 이러한 밀접한 관련성은 앞으로도 상당 기간 미국 신용 평가 기관의 과점적 시장 지배력이 미국의 국익에 유리하게 반영되도록 작용할 수 있다는 주장을 여전히 뒷받침하고 있다.

1997년 우리나라의 외환 위기 때 미국의 신용 평가 기관들이 우리나라 국가와 금융 기관의 건전성에 대해 신속히 부정적인 평가를 내렸다. 이로 인해 우리나라 신용도가 더욱 급격히 하락하고 외화 조달이 막힘으로써 결국은 IMF에 긴급 구제 금융을 신청하게 되었다. 그 결과 우리나라 일부 금융 기관들의 경영권이 미국 등 외국 금융 기관들로 넘어갔다는 주장이 일각에서 제기된 바 있다. 비록 일부의 주장이지만 음미해 볼 가치는 있다고 생각된다.

Chapter 02

중국, 미국과 대등한
G2 국가로 부상

빠르게 부상하는 중국의 위상

˙ ˙ ˙ 중국 경제 규모 미국 추월 임박

세계의 정치, 경제를 이끌어 가는 미국의 주도권에 대항할 수 있는 유일한 국가로 중국이 부상하고 있다. 그 논리는 명료하다. 우선, 경제적으로 중국이 미국보다 훨씬 높은 경제 성장을 지속한다면 머지않아 중국의 총생산이 미국을 추월할 것이다.

그 추월 예상 시점은 전망의 전제 방식에 따라 다를 수 있으나 Keidel은 2035년, IMF는 2019년을 제시하고 있다. 물론, 전망이니까 실제 중국의 총생산이 미국을 추월하는 시점은 전망과 다를 수 있다. 그러나 그 논리가 합리적이라면 이제 미국은 더 이상 국제 사회의 질서를 형성하는 과정에서 독주할 수 없다는 것이 된다.

2013년 중국의 시진핑 주석이 미국을 국빈 방문하여 미국의 오

바마 대통령과 양국이 대등한 위치에서 상호 공조하기로 합의한 내용이 보도되었다. 미국이 이를 인정하였고 국제 사회도 이제 이를 받아들여서 세계를 이끌어 가는 양대 국가라는 의미의 G2로 인식하고 있다. 한때 7개, 또는 5개의 주요 선진국이 국제 사회의 중요 사안을 논의하면서 G7, G5가 국제 사회의 키워드였던 것을 생각하면 중국의 약진이 새삼 놀랍다.

경제 전망 1(Keidel): 2035년 무렵 미국 추월

구분	Real Growth (annual percent)		Total GDP		GDP per Person	
YEAR	United States	China	United States	China (PPP $[a])	United States	China (PPP $[a])
2005	3.0[b]	9.6[b]	12	5	41	4.1
2010	2.0	9.5	14	8	43	6.1
2020	3.0	8.5	18	18	52	12.7
2030	3.0	7.5	24	35	64	24
2040	3.0	6.5	33	63	78	42
2050	3.0	5.5	44	104	95	67
2060	3.0	4.3	59	152	116	96
2070	3.0	3.0	80	199	142	123
2080	3.0	3.0	107	262	174	159
2090	3.0	3.0	144	348	214	208
2100	3.0	3.0	194	466	262	271

자료: Albert Keidel, 〈China's Economic Rise: Fact and Fiction, Carneige Endowment for International Peace〉, July 2008.

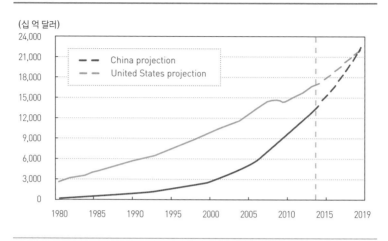

(십 억 달러)

자료: IMF World Economic Outlook(WEO)

••• 국제 금융 시장에서의 중국의 지위, 빠르게 상승

그러나 미국이 중국을 대등한 동반자로 인정한 배경에는 경제 규모 외에 국제 금융 시장에서 높아진 중국의 지위도 있다.

이미 앞에서 살펴보았듯이 중국은 약 4조 달러에 이르는 세계 최대의 외환 보유국이며 약 1조 3,000억 달러의 미 국채 보유국이다. IMF의 발표에 의하면 세계 중앙은행 외환 보유액 중 달러화 표시 자산 비중이 60%를 넘는다. 이 말은 중국이 약 4조 달러 외환 보유액 중 약 60%인 2조 4,000억 달러 상당의 달러화 표시 자산을 갖고 있다는 것으로 추산할 수 있다는 의미다.

중국이 약 2조 4,000억 달러의 미 달러화 자산과 약 1조 3,000

억 달러의 미 국채를 보유하고 있는 것으로 추산되는 사실은 무엇을 의미하는가?

　세계의 거의 모든 나라는 미국의 정책 방향에 촉각을 곤두세우고 있다. 미국이 방향을 틀면 국제 사회의 정치, 경제적 규범과 질서가 그에 영향을 받아 바뀔 수 있기 때문이다. 이를 미리 예측하고 대응하는 것이 국제 사회의 규범을 따라가야 하는 대다수 국가들의 운명이다. 그런데 그러한 미국의 정책 방향에 영향을 미치고 견제할 힘을 가진 나라가 현 단계에서는 중국 이외에 보이지 않는다.

중국의 외환 보유액 및 미 국채 보유액

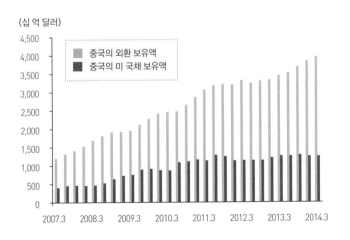

자료: 한국은행, 미 재무부

중국은 일별 위안화·달러화의 환율 변동 폭을 전일 대비 일정 범위 이내로 제한하고 있는 것으로 알려져 있다. 중국과의 교역에서 적자 규모가 큰 미국으로서는 사실상 환율 조작국으로 지정해서 보복 관세를 부과할 수 있다. 그러나 미국은 중국에 대해 이와 관련하여 직접적인 표현을 삼가고 있다. 그 이유는 무엇일까?

만일 중국이 외환 보유액 중 달러화 자산을 다른 통화 자산으로 바꿈으로써 보유 통화를 다변화하겠다거나, 미 국채를 팔고 다른 자산을 산다고 가정하자. 아니 그 정도가 아니라 그럴 가능성을 암시만 했다고 하더라도 과연 미국이 이를 감당할 수 있겠는가?

미국의 달러화 가치는 급락할 것이고 기축 통화로서의 지위까지도 흔들릴지 모른다. 또한 미 국채 가격은 폭락할 수 있다. 미국은 이러한 현상, 그러니까 자국의 통화나 자산의 위상이 저하되는 것을 원치 않는다. 세계를 이끌어 가는 미국의 힘, 그 원천이 상당 부분 기축 통화인 달러화라는 점에서 미국은 달러화의 지위나 체면에 손상이 가는 것을 원치 않는다.

••• 위안화의 국제화, 빠르게 진전

최근 중국 위안화의 국제화가 빠르게 진전되고 있다. 스탠다드차타드은행[12]이 작성하는 중국 위안화 글로벌화 지수가 2010년

중국 위안화 국제화 지수

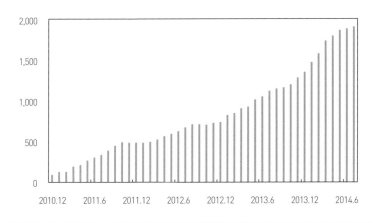

100=2010년 12월
자료: 스탠다드차타드 은행

12월 100에서 2013년 12월에는 1,359로 상승하였다.

SWIFT에 따르면 중국 위안화 결제 규모가 2012년 8월부터 2014년 8월 사이에 198% 증가하였다.

또한 중국 및 홍콩과의 지급 결제 시에 위안화를 사용하는 기관 수가 2012년 8월부터 2014년 8월 사이에 전 세계적으로 35% 증가하였으며 특히 유럽(47%)과 미주 지역(44%)의 증가가 중요

---

12 스탠다드차타드은행의 중국 위안화 글로벌화 지수는 역외 중국 위안화 사용의 전체 성장률을 측정하는 지표이다. 동 지수는 CNH 예금, 무역 결제 및 기타 지불, 딤섬 본드 및 CD, FX 거래 금액을 바탕으로 매월 산출되고 있다.

위안화 결제 규모

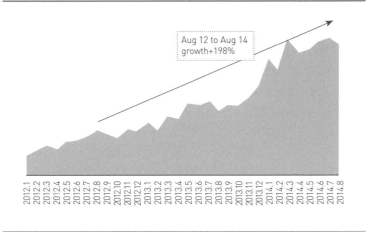

Aug 12 to Aug 14
growth+198%

자료: Swift

위안화를 사용하여 지급 결제하는 기관 수

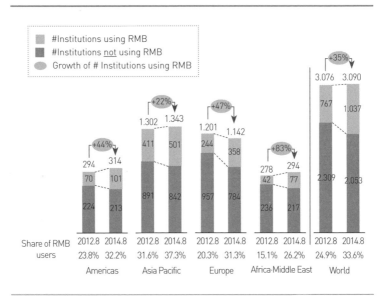

자료: Swift

하다.

    더욱 중요한 것은 위안화 표시 결제 금액이 2013년 1월 세계
13위에서 2014년 8월에는 7위로 빠르게 올라섰을 뿐 아니라, 총
위안화 결제 금액 중 중국과 홍콩 이외 지역에서의 결제 금액 비
중이 2012년 1월 14%에서 2014년 8월에는 26%로 크게 높아졌
다는 것이다.

위안화 표시 결제 금액

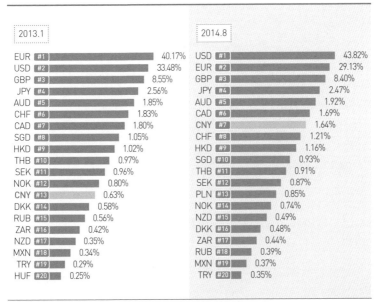

자료: Swift

총 위안화 결제 금액 중 홍콩 이외 지역에서의 결제 비중

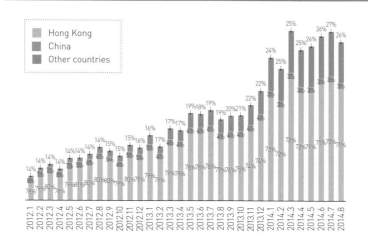

자료: Swift

···금융 업계에서의 중국의 지위 부상

중국의 주요 은행인 중국공상은행(ICBC, Industrial & Commercial Bank of China), 중국건설은행(China Construction Bank), 중국농업은행(Agricultural Bank of China), 중국은행(Bank of China)은 당기 순이익, 이자 수입 및 자산 규모 등의 분야에서 미국의 주요 은행보다 우위 또는 대등한 위치에 있다. 이제 금융 업계에서도 G2 시대가 도래한 것이다.

중국 은행들의 분야별 Top 10 순위(2013년 말 기준)

분야	은행	순위	〈비고〉 미국 은행들 순위
순이자 소득 (Net Interest Income)	ICBC China construction bank Agricultural Bank of China Bank of China	1 2 3 5	4, 5, 7, 8
법인세 비용 차감 전 당기 순이익 (Free Tax Profits)	ICBC China construction bank Agricultural Bank of China Bank of China	1 2 3 4	5, 6, 8, 9
총자산 (Assets)	ICBC China construction bank Agricultural Bank of China Bank of China	1 3 7 9	6
순 수수료 소득 (Net Fee and Commission Income)	ICBC China construction bank	4 8	1, 2, 3, 5, 6
영업 이익 (Net Operation Income)	ICBC China construction bank Agricultural Bank of China Bank of China	2 5 7 8	1, 2, 4, 7
총 영업 이익 (Total Operating Income)	ICBC China construction bank Agricultural Bank of China Bank of China	2 5 7 9	1, 3, 4, 6

자료: The Banker

국가별 세계 1,000대 은행 통계

주요 국가별 1,000대 은행 개수

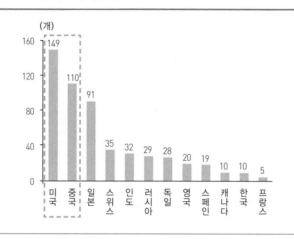

자료: The Banker Database

주요 국가별 1,000대 은행 자본 규모*

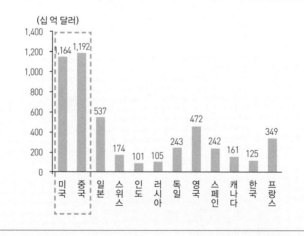

* 국가별 1,000대 은행 자본 합계 기준
자료: The Banker Database

주요 국가별 1,000대 은행 총 자산 규모*

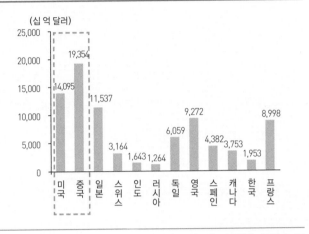

* 국가별 1,000대 은행 총 자산 합계 기준
자료: The Banker Database

주요 국가별 1,000대 은행 세전 이익 규모*

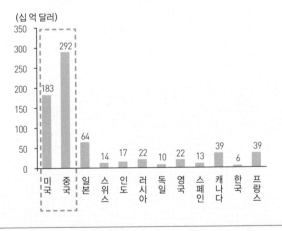

* 국가별 1,000대 은행 세전 이익 합계 기준
자료: The Banker Database

그림자 금융 규모 급증과 잠재 리스크

최근 중국에서는 그림자 금융(shadow banking) 영역에서의 신용이 크게 확대되고 있다. 이에 따라 만일 국제 금융 시장의 불안 등으로 그림자 금융 관련 신용이 갑자기 위축될 경우 중국 금융 시스템의 안전성이 위협받을 가능성이 우려되고 있다.

그림자 금융이란 전통적 은행 시스템 밖에서 은행과 유사한 신용 중개 기능을 담당하는 기관 또는 활동을 지칭한다. 여기에는 비은행 부문의 신용 공여 또는 신용 공여와 경제적 실질이 유사한 금융 상품(대출 유동화 증권, 대출 채권을 편입한 신탁, 펀드 등)이 포함된다.

중국 그림자 금융의 규모를 정확히 파악하기는 어렵다. 다만, 한국은행의 자료[13]에 따르면 중국 사회과학원은 14.6~20.5조 위안(2013년 9월) 규모로, UBS는 30~40조 위안(2014년 1월) 규모로 추산하고 있다.

그림자 금융이 급증한 배경으로는 기업의 대출 수요는 풍부한 반면 예대비율(75%)과 지급 준비율(20%) 규제로 은행 대출이 어려운 금융 수요자들이 그림자 금융에 더욱 의존하게 된 점을

---

13 한재현, 〈중국의 그림자금융, 지방정부 부채 및 은행건전성의 상호관계〉, 한국은행 국제경제리뷰 제 2014-7호, 2014.3.18.

들 수 있다. 또한 가계의 금융자산 다양화 수요가 큰 가운데 예금 금리 상한규제로 예금금리가 낮게 유지됨에 따라 신탁 및 보험사 등 그림자금융 분야 저축수요가 증가한 것도 그림자금융 급증의 배경이라 할 수 있다.

··· 그림자 금융 자금이 일시에 대규모로 유출될 가능성에 대비해야

그림자 금융의 급증은 여러 가지 위험 요인을 내포하고 있다. 우선 기업의 부채가 그림자 금융 급증의 영향으로 과도하게 늘어났을 가능성이 있다. 또한 기업과 대출, 회사채 등으로 밀접히 연계되어 있는 은행의 대출이 공식 통계에 나타난 규모를 훨씬 초과할 가능성이 있다. 이 경우 국제 금융 시장의 불안정성 증가 등에 따라 국제 금융 기관이 자금을 회수하게 되면 그 결과 금융이 크게 위축되고 중국의 금융 시장이 큰 충격에 빠질 수 있다.

이러한 리스크는 그림자 금융의 특성을 감안하면 더욱 의미하는 바가 크다. 그림자 금융을 통한 재원 조달은 조달 금리가 높은 데다 상환 기간도 상대적으로 짧다. 한국은행의 자료[14]에 따르면 지방 정부가 신탁 상품 및 펀딩 등을 이용해 차입할 경우 은행 차입에 비해 2~3배 수준의 금리를 부담한다. 또한 지방채 발행에 의한 자금 조달은 상환 기간이 통상 5~7년인데 반해 그림자 금융

---

14 한재현, 〈중국의 그림자금융, 지방정부 부채 및 은행건전성의 상호관계〉, 한국은행 국제경제리뷰 제 2014-7호, 2014.3.18.

의 신탁 대출 기간은 1~3년에 불과하다. 만일 그림자 금융을 원천으로 한 자본이 우리나라에 유입되었다가 이 자금이 갑자기 유출되는 경우에는 우리나라 금융 시장의 불안정성이 커질 가능성이 있음을 유념해야 한다.

Chapter 03

일본,
아베노믹스로 새로운 도약을 시도

아베노믹스의 등장

••• 아베노믹스는 의도된 엔화 약세 정책인가?

2012년 말 자민당 집권 이후 일본의 아베 총리는 일본의 오랜 경기 침체와 디플레이션에서 탈피하고자 파격적인 정책을 발표한다. 소비자 물가가 2.0% 수준에 도달할 때까지 무제한 통화를 공급하겠다는 것이다. 통화 공급을 대폭 확대해서 인플레이션을 유도함으로써 기업의 투자와 가계의 소비를 촉진하고 경제의 활력을 되찾겠다는 것이다.

그런데 일본 엔화는 일종의 국제 통화다. 국가 간 자본 이동이 자유로운 상황에서 국제 통화인 일본 엔화를 무제한 공급하면 국제 외환 시장에서 엔화의 가치가 하락 압력을 받게 된다. 이는 사실상 엔화의 가치 하락을 통한 일본의 수출 경쟁력 회복을 염두에 둔 정책이라고 볼 수 있다. 실제로 아베노믹스 이후 일본 엔화는 미 달러화에 비해 약세를 보였고 일본 주가는 상승하였다.

엔화 및 유로화 환율

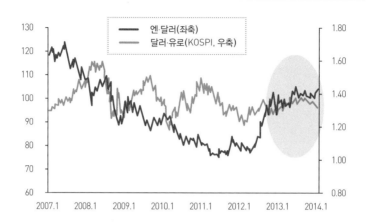

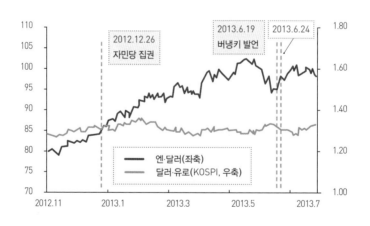

자료: 한국은행

일본 및 미국 주가 지수

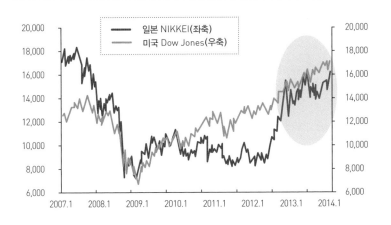

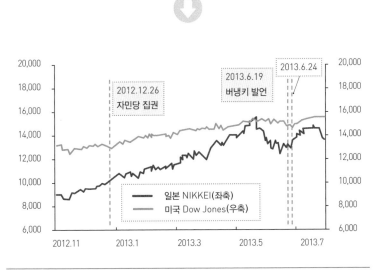

자료: 한국은행

중국을 비롯한 주변국들이 이를 비판하고 나섰다. 인위적인 통화 가치의 하락 즉, 사실상의 평가 절하로 궁극적으로는 외환 시장 개입의 일종이라고 주장하고 나섰다. 또한 각종 국제회의에서도 이 이슈가 제기되어 열띤 논쟁이 있었다. 물론 일본은 통화 가치 하락을 유도하기 위한 외환 시장 개입이 아니라고 주장하였다. 디플레이션에서 탈피하기 위한 통화 공급이며 엔화의 약세 현상은 부수적인 효과일 뿐 이를 목표로 의도한 바가 아니라는 주장을 견지하였다.

이렇게 국제 사회에서 어떤 주제에 대해 팽팽한 논쟁이 이어질 때 그 논쟁을 이끌어 가는 나라는 역시 미국이다. 이 경우 미국은 자국의 이익 차원에서 판단하고 결론을 내린다. 미국은 일본의 편을 들어주었고, 미국이 사실상 거부권을 갖고 있는 IMF도 미국과 유사한 결론을 내렸다. 그 이후 아베노믹스는 국제 사회로부터 정당성을 인정받게 된다.

••• 미국, 중국을 견제하기 위해 일본의 입장을 지지

미국은 왜 일본의 입장을 지지했을까? 이 질문의 답은 미국이 일본의 입장을 옹호함으로써 무엇을 얻을 수 있는가를 살펴보면 추론할 수 있다. 필자 나름대로 조심스럽게 논리를 전개해 본다.

먼저, 정치적인 면을 살펴보자. 세계 각국이 자유무역협정을 통해 경제 영토를 확장하고 이를 통해 협정국 간 정치적인 유대 강화도 함께 도모하고 있는 것이 현실이다. 이러한 상황에서 중국이 미국에게 대등한 지위를 인정하라고 요구했는데 미국은 이를 받아들일 수밖에 없는 상황이다. 미국은 태평양을 둘러싼 힘겨루기에서 중국에 대항하기 위해 일본을 미국 편으로 끌어들일 필요가 있었다. 미국의 지지를 받은 일본은 미국이 구상한 환태평양경제동반자협정(TPP) 참여 의사를 밝힘으로써 이에 화답한다.

경제적인 면은 어떤가? 미국은 중국에 대해 대규모의 경상 수지 적자를 지속하고 있다. 그 결과 중국은 미 달러화로 대규모의 외환 보유액을 갖고 있고 그중 상당 규모는 미 국채로 갖고 있다. 미국은 중국에 대한 채무자로서 채권자인 중국의 눈치를 보아야 하는 처지에 놓이게 되었다. 중국을 견제하고 싶은데 그 견제자로는 일본이 적임자다. 일본이 통화를 대규모로 공급하면서 엔화가 약세가 되면 일본 제품의 수출 경쟁력이 상대적으로 강해진다. 일본의 경상 수지 흑자가 늘어나면 그중 상당 부분은 미 국채를 매입하는 데에 사용될 것이다. 중국이 미 달러화와 미 국채에 대해 갖는 주도적인 영향력을 약화시킬 수 있다.

아베노믹스에 내포된 의미

··· 아베노믹스, 일본 경제의 부활을 위한 극약 처방

일본이 아베노믹스라는 극약 처방을 채택할 수밖에 없었던 이유는 무엇인가? 일본은 아시아 국가 중 유일하게 명실상부한 선진국이다. 그런데 최근 들어 일부 분야에서 한국에 추월당하고 있고, 중국에는 경제 규모, 교역 규모, 외환 보유액 등 여러 면에서 이미 뒤지고 있다. 이러한 상황에서 아베노믹스는 일본에게 다방면에서 이익을 가져다줄 수 있다.

우선, 통화량 증발로 인해 디플레이션을 극복하고 경제 성장에 박차를 가함으로써 경제 대국의 위상 회복을 기대할 수 있다. 그럼으로써 중국이 아시아의 새로운 맹주로 급부상하는 것을 부분적으로나마 견제할 수 있다.

또한 통화량 증발로 당연히 따라오는 엔화 약세를 통해 수출 경쟁력을 회복하고 이에 따른 경상 수지 흑자로 미 국채를 매입함으로써 미국과 더욱 가까워질 수 있다. 마침 중국의 급부상을 견제하고 싶은 미국과 아시아에서 맹주 자리를 중국에 빼앗기고 싶지 않은 일본의 이해가 맞아떨어진다.

일본은 중국의 부상과 위안화의 국제화 진전이 달갑지 않다. 그래서 우리나라와 협력을 통해 중국을 견제하려는 전략을 사용할 때도 있다. 일본이 우리나라와 원·엔 통화 스와프 협정을 맺은 것이 중국과 한국이 정치·경제적으로 급속히 가까워지는 것을 견제하기 위함이라는 추측도 있다. 당초 일본은 한국과의 통화 스와프 협정 체결에 소극적이었다. 그런데 한국과 중국 간 통화 스와프 협정 체결이 임박했다는 정보를 알고 한국과의 통화 스와프 협정을 서두르는 쪽으로 방향을 바꾸었을 것이라는 생각이 든다.

한국, 중국, 일본 삼국 간에는 미묘한 정치·경제적 관계가 있다. 두 강국 간의 아시아 헤게모니를 둘러싼 경합 관계에서 상대적으로 작은 나라인 우리나라는 어느 나라와 어떤 협력을 할 것인가를 잘 선택해야 한다.

더구나 최근에는 이 삼국 관계에 미국을 함께 감안해야 한다. 미국이 어느 나라의 입장을 지지하느냐에 따라 그 나라의 주장이 힘을 얻는다. 국제 사회에서 미국을 감안하지 않고는 국제 질서를 논할 수 없는 이유이다. 또한 미국도 다른 나라와 마찬가지로 자국의 이익을 최우선으로 하는 나라이다. 따라서 이러한 관점에서 향후 미국이 국제 질서를 어느 방향으로 이끌어 갈지를 예측하고 이에 대응하려는 노력이 필요하다.

Chapter 04

유로 지역의 불완전한 통화 통합

회원국 간 국제 수지 불균형

• • • 회원국이 경상 수지 흑자국과 적자국으로 양분

유로화가 도입된 1999년 이후 유로 지역의 회원국 간 경상 수지를 보면 흥미로운 사실을 발견할 수 있다. 독일은 2002년부터 경상 수지가 흑자이며 GDP 대비 흑자 비율도 2007년까지 상승세를 보이다가 그 후에도 상당히 높은 수준을 유지하고 있다.

반면, 통상 재정 취약국으로 불리는 GIIPS(그리스, 아일랜드, 이탈리아, 포르투갈, 스페인)의 경우에는 2000년 이후 2012년까지 경상 수지가 적자를 보이고 있다. 다만 2008년까지 높아졌던 GDP 대비 적자 비율은 유럽 재정 위기 발생 이후의 경기 침체에 따른 수입 수요 둔화로 이후 낮아지고 있다.

회원국 간의 이와 같은 국제 수지 불균형은 무엇을 뜻하는가? 유로화는 유로 지역 회원국들이 1999년부터 공동으로 사용하기 위해 도입한 통화이다. 따라서 유로화의 환율을 정할 때 회원국들의 경제 규모나 발전 정도를 감안하였으나 모든 국가의 요구 사항을 완벽히 만족시킬 수는 없다. 결국 약세 통화(예를 들어 그리스의 드라크마)와 강세 통화(예를 들어 독일의 마르크)의 어느 사이에서 새로운 통화인 유로화의 가치가 결정되도록 설계되었다는 의미이다.

그럼 통화 가치가 독일 마르크화와 그리스 드라크마화의 그 어느 사이에 있는 유로화를 사용한다는 것은 무슨 뜻인가? 독일 마르크화의 통화 가치가 그리스 드라크마화보다 높았다는 점은 주지의 사실이다. 따라서 독일은 마르크화에 비해 상대적으로 통화 가치가 낮은 통화(유로화)를 사용한다는 것이다. 반면, 그리스는 드라크마에 비해 상대적으로 통화 가치가 높은 통화(유로화)를 쓴다는 것이다. 그 결과는? 독일은 힘 안 들이고 자국 통화를 평가 절하한 효과에 힘입어 경상 수지 흑자 행진을 벌이고 있다. 실제로 2005~2009년 중 독일 경상 수지 흑자의 상당 부분인 61.6%가 유로 지역에서 발생하였다. 반면, 그리스는 국가의 경제 체력에 비해 상대적으로 버거운 통화인 유로화가 자국 통화인 드라크마를 대신함에 따라 경상 수지 적자를 면치 못하고 있다.

이 근본적인 문제를 유로 지역은 안고 있으며 이 점은 그리스가 재정 위기를 맞았을 때 독일이 그리스를 적극 지원해야 한다고 그리스 정부가 강조한 논점이기도 하다. 물론 독일의 반론도 있다. 그리스가 유로화를 사용함으로써 드라크마를 사용할 때보다 낮은 유로화 차입 금리의 혜택을 볼 수 있었다. 이를 제대로 활용하여 경제를 건설하지 못한 책임은 그리스에 있다는 반론이 그것이다.

독일과 재정 취약국(GIIPS)* 경상 수지

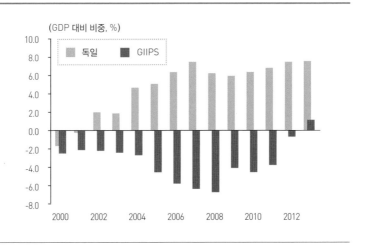

* 그리스, 아일랜드, 이탈리아, 포르투갈, 스페인
자료: IMF

독일의 지역별 경상 수지

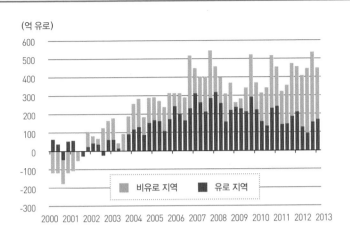

자료: 독일연방은행(홍경식(2013.10)에서 재인용)

그리스 실질 금리* 추이

* 명목 기준 금리 - 소비자 물가 상승률 기준
자료: 박진호, 〈그리스 국가 부도 위기의 원인과 전망〉, 해외경제정보 2009-74호, 2009.12.23

정치적으로 불완전한 통합

• • • 정치적·재정적 통합이 없어 회원국 간 강제적 재정 이전이 불가능

유로 지역의 재정 위기가 ECB의 유동성 공급, 미 연준과 ECB의 통화 스와프 등에 힘입어 진정되었다. 그러나 유로 지역이 안고 있는 근본적인 문제점이 해결된 것은 아니다. 그 이유는 무엇인가?

첫째, 유로 지역의 통합은 재정 통합이 없는 불완전한 통합이다. 유로 지역은 정치적으로 완전한 통합이 이루어지지 않은 상황에서 공동 통화를 도입하였다. 유럽 연합은 우선 공동 화폐 도입으로 단일 경제권을 구축하고 이를 바탕으로 단일 통화 사용 국가들을 대상으로 정치적 통합을 이룸으로써 완전한 국가 통합을 이루려 하였다.

그러나 1999년에 유로화가 도입된 후 지금까지 유럽 연합 국가들 간에 재정 통합이 이루어지지 않았고 단기간 내에 이루기를 기대하기도 어려워 보인다. 따라서 유로 지역은 미국처럼 강력한 중앙 정부의 지휘하에 유로 지역 국가 간 재정 잉여국에서 재정 부족국으로의 재정 이전이 불가능하다.

예를 들어 유럽 연합에서 가장 잘사는 독일과 상반되는 그리스와 포르투갈은 민족과 언어가 다르고 소득 수준에도 큰 격차가 있다. 독일의 재정 흑자가 그리스와 포르투갈로 흘러들어 가기

위해서는 재정 수지의 조정이 필요하다. 그러나 EU 집행위는 이를 권고할 수 있으나 강제할 수는 없다. 재정 흑자국인 독일의 국민들이 이를 받아들이려 하지 않고 있다. 독일인들은 근면과 절약에 익숙한 사람들이다. 겨울에 거실에서 스웨터를 입고 난방비를 절약해서 얻은 흑자를 지중해에서 요트를 타고 일광욕을 하면서 적자를 낸 그리스인들에게는 못 주겠다는 것이 그들의 철학이다. 결국, 유로화를 사용하는 국가 간 상호 국익을 감안한 정치적 협상과 타협에 의해 부분적으로 재정 이전이 가능할 뿐이다.

둘째, 유로 지역이 도입한 통화가 미 달러화와 대등한 수준의 기축 통화가 아니다. 물론 이 문제는 앞에 언급한 정치적으로 불완전한 통합과 연계되어 있다. 유로 지역의 GDP, 국토 면적, 인구 등 외형적으로는 여러 면에서 미국과 대등한 면이 있다.

그러나 유로 지역은 미국과 같이 정치적·재정적 통합에 기초한 강력한 단일 국가가 아니라는 점 때문에 유로 지역의 소득 격차 및 정치·문화적 차이를 해결할 수 없다. 또한 이 때문에 유로화는 미국의 달러화 같은 최상의 기축 통화가 되지 못한다. 이에 따라 2008년 글로벌 금융 위기 때 ECB가 미 연준으로부터 무제한의 달러화 공급을 약속받은 후 유로 지역 금융 시장이 안정되고 위기에서 벗어나기 시작하였다. 이는 또한 유로 지역이 미국과 대등하게 세계 질서를 논하는 위치에 있지 못함을 의미하고 있다.

Chapter 05

우리나라 외환 당국의 정책 대응

외환 당국의 책임 범위

••• **외환 당국의 의미**

외환 당국이란 우리나라 외환 시장의 안정을 책임지며 이를 위해 필요한 조치를 취하는 기관을 말한다. 통상 외환 시장의 안정을 논의할 때 기획 재정부(이하 기재부), 금융 위원회(이하 금융위), 한국은행(이하 한은), 금융 감독원(이하 금감원)의 네 기관이 참여하므로 이 네 기관에 대해 설명한다.

••• **기획 재정부**

기재부는 외환 관련 법령과 규정의 제정, 개정 및 폐지를 담당하고 외환 관련 정책을 수립하며 유관 기관 간 외환 정책 관련 조율 등을 총괄한다. 한마디로, 외환 정책에 관한 권한과 책임이 기재부 장관에게 있다. 따라서 외환 정책에 관한 국제적 공조, 국제기구에의 참여 및 협력 등은 다른 법에 별도로 정한 경우를 제외하고는 기재부가 대표하고 총괄한다.

기재부는 외환 시장의 안정화를 위해 필요한 경우 그 기능의 일부를 유관 기관에게 위임(또는 위탁)한다. 금융위, 한은, 금감원, 관세청 등이 그 위임(위탁) 기관의 대표적인 예이다.

기재부는 또한 필요시 외환 시장 안정화 조치에 직접 간여한다. 한은과 협의하여 기재부의 재원 또는 한은의 재원으로 외환 시장에서 달러화의 매매를 실시한다.

••• 금융 위원회

금융위는 기재부 장관으로부터 위탁받아 금융 기관의 외환 업무에 대한 감독 등을 수행한다. 따라서 이 범위 내에서 외환 당국으로 인정받는다. 또한 금융위는 기재부 장관이 위탁한 권한의 일부를 금융 감독원에 재위탁할 수 있다.

••• 한국은행

》 한은 외환 시장 안정 기능의 성격

한은은 중앙은행으로서 기재부로부터 위탁받은 범위 내에서 외환 관련 업무를 수행한다. 따라서 이 경우 한은의 외환 시장 안정 기능이 한은의 고유 기능은 아니다. 법에 명시된 한은의 외환 시장 안정 조치는 정부와 협의하는 기능이다. 그러나 실제적인 외환 시장 안정 조치는 비록 기재부로부터 위탁받은 사안이기는 하지만 대부분 한은이 담당하고 있다. 또한 한은은 자체 판단하에 한은의 발권력에 의해 외환 시장 안정 기능을 수행할 수 있다. 이 경우는 한은이 외환 당국의 일원으로서 외환 시장의 안정을 위해 정부와의 정책 협력 차원에서 수행하는 고유 기능이다.

» 한은 담당 외환 시장 안정 기능의 범위

이제 한은이 담당하는 외환 시장 안정 기능을 정부의 위탁을 받아 수행하는 기능과 한은의 고유 기능으로서 정부와의 정책 협조 차원에서 수행하는 기능으로 구분하여 살펴보자.

우선 정부의 위탁을 받아 수행하는 기능으로는 1) 외국환평형기금(이하 외평기금)을 통한 외환 시장 안정화 조치(외환 시장에서의 미 달러화 매입 또는 매도) 2) 외평기금을 통해 조달된 외환 보유액의 운용 3) 외국환 은행에 대한 외국환 업무 공동 검사 및 외환 건전성 규제 4) 외환 정보망의 운영 및 관리 5) 외국환 중개 회사 감독 및 검사 6) 환전 영업자 관리 및 검사 7) 외국환 거래에 대한 신고·허가 업무 등이 대표적이다.

한편 한은이 정부와의 정책 공조 차원에서 외환 시장 안정을 위해 정부의 외평기금 재원을 이용하지 않고 중앙은행의 발권력을 통해 달러화를 매입하거나 그렇게 매입한 달러를 매도할 수 있다.

한은이 자체적으로 달러화를 매입하는 경우에는 발권력을 통해 발행한 원화를 지급한다. 이 경우 인플레이션 압력을 줄이기 위해 공급이 증가한 원화의 통화량을 통안증권을 발행하여 회수한다. 매입된 달러화는 외환 보유액의 증가로 이어지고 이를 운용하는 것도 중앙은행의 책무이다. 또한 이 과정에서 원화 조달 금리인 통안증권 금리와 외환 보유액 운용 수익 간에 손실이 발생할 경우 이는 한은 수지의 악화 요인이다.

달러화 매도의 경우도 발권력으로 조달한 원화를 대가로 매입한 달러화를 매도하는 때에는 한은의 고유 업무이고 정부의 위탁 업무가 아니다. 다만 정부가 외평기금 원화를 대가로 매입한 달러화를 매도하도록 한은에 요청하는 경우에는 위탁 사무다.

••• 금융 감독원

금감원은 기재부가 위탁한 범위 내에서 외환 시장 안정 기능을 수행한다. 대표적인 것으로 금융 기관에 대한 외환 관련 규정의 준수 여부 검사가 있고 한은과 함께 외국환 은행에 대한 외환 관련 공동 검사를 수행하기도 한다. 또한 기재부 장관이 위탁한 금융위의 권한 일부를 금융위로부터 재위탁받아 관련 업무를 시행한다.

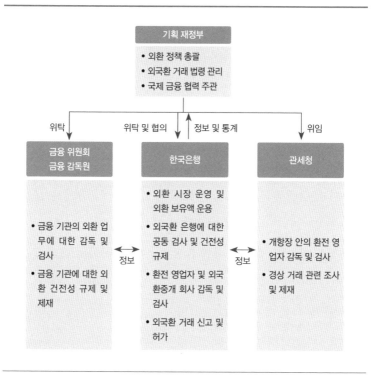

정책 대응

•••정책 대응의 3단계: 국제 공조, 정책 및 제도적 대응, 시장 안정화 조치

외환 당국은 외환 시장의 불안정성이 커질 것으로 예상될 때 이를 방지하기 위한 제도적 보완책을 강구한다. 제도적 보완으로 외환 시장이 안정될 경우에는 당국이 외환 시장에서 직접 외환의 매매를 통해 시장을 안정화시켜야 하는 부담을 줄일 수 있다. 그러나 제도적 보완은 충분한 검토를 거쳐 중·장기적으로 시행되는 것이다.

따라서 제도적 보완이 검토되는 기간 중에 또는 갑작스럽게 시장의 불안정성이 커지는 경우에는 외환 당국의 실질적 외환 시장 개입이 필요한 경우도 있다.

또한 우리나라 외환 당국 단독으로 시장 안정화 조치를 취하기 어려운 경우에는 국제적 공조를 통해 시장을 안정시키는 경우도 있다. 금융의 세계화로 다른 나라의 금융 경제 상황이 상호 크게 영향을 미치기 때문에 국제 공조의 중요성이 갈수록 커지고 있다. 이제 하나씩 살펴보자.

• • • 국제 공조

≫ 2008년 글로벌 금융 위기, 미 연준의 통화 스와프로 극복

먼저 국제 공조를 살펴보자. 2008년 글로벌 금융 위기와 같이 금융 시장의 불안정성이 전 세계적인 현상일 경우에는 우리나라 외환 당국만의 힘으로 이를 해결하기 어렵다. 당시 전 세계적으로 달러화 유동성이 부족했던 상황에서 미 달러화의 확보가 유일한 해결 방안이었기 때문이다. 미 연준이 ECB를 비롯한 주요 선진국 중앙은행과 통화 스와프 협정을 통해 달러화를 공급함으로

미 연준과 주요국의 통화 스와프 한도(2008년 10월 29일 기준)

국가	ECB	스위스	일본	영국	캐나다
한도	무제한	무제한	무제한	무제한	300

국가	호주	덴마크	노르웨이	스웨덴	뉴질랜드
한도	300	150	150	300	150

국가	한국	브라질	싱가포르	멕시코	
한도	300	300	300	300	

자료: 기획 재정부 보도 자료(2008.10.30)

써 글로벌 금융 위기가 진정되는 실마리를 찾았다.

우리나라도 한은과 정부의 노력으로 미 연준과 300억 달러의 통화 스와프 계약을 체결한 후 원·달러 환율이 급속도로 하락하여 안정세를 회복했고 외환 시장의 다른 부문도 안정되었다. 한미 간 통화 스와프가 우리 외환 당국이 취한 성공적인 국제 공조의 대표적인 사례라고 볼 수 있다.

» 한미 통화 스와프, 미국이 우리나라 외환 시장 방어를 지원

여기서 한미 통화 스와프가 갖는 의미를 짚어 보자. 2008년 글로벌 금융 위기 이후 우리나라 외환 시장에서는 원·달러 환율이 급격히 상승하였다. 상승 요인에는 앞으로 우리나라 외환 시장의 불안정성이 계속 이어지고 원·달러 환율이 계속 상승할 것이라는 기대도 포함된다. 이러한 기대를 바탕으로 달러화를 매입하여 환차익을 얻으려는 투기적 달러화 매수도 있을 수 있기 때문이다. 이런 상황에서 미국이 300억 달러 한도 내에서 한국이 원하면 언제든지 원화를 대가로 달러화를 빌려 준다고 약속했다.

외환 시장에서는 이제 더 이상 원·달러 환율의 상승에 대한 투기로 환차익을 얻을 수 있다는 기대는 할 수 없게 되었다. 미국이 한국에 300억 달러를 지원하겠다고 약속을 한 상황에서 원화에 대한 투기적 공격은 바로 외환 시장에서 한미 연합군을 상대하는 것과 같아서 승산이 없기 때문이다.

이러한 국제 공조는 우리의 외환 보유액을 소비하지 않고 외환 시장을 안정시킬 수 있기 때문에 가장 이상적이지만 상대국이 있기 때문에 항상 가능한 것은 아니다.

••• 정책 및 제도적 대응

» 외환 당국, 국내 금융 시장의 변동성 축소 노력

외환 당국은 국제 금융 시장의 변동성이 커지고 그 영향이 국내 금융 시장에 전반적으로 파급될 것으로 예상될 경우에는 우선 국제적 공조 노력을 기울인다. 그러나 그러한 국제적 공조는 꼭 우리가 원하는 시기에 우리가 원하는 방식으로 효과를 낼 수 있다는 보장이 없다. 국제적 공조 노력과 더불어 우리나라의 법규 및 제도를 신설하거나 보완함으로써 이에 대응한다.

» 우리나라, 소위 '외환 부문 거시 건전성 3종 세트' 도입

제도적 보완의 대표적인 사례로 외환 부문 거시 건전성 정책의 시행을 들 수 있다. 2008년 글로벌 금융 위기 이후 선진국의 양적 완화 정책으로 글로벌 유동성이 급속히 확대되었다. 이 유동성은 신흥 시장국 중 상대적으로 기초 경제 여건이 양호한 우리나라 등으로 유입되었다. 그러나 국제 자본의 유입은 근본적으로 수익을 추구하기 위한 것이기 때문에 국제 경제 여건이 변하면 언제든지 갑자기 유출로 바뀔 수 있다. 당국은 이러한 가능성에 대비하여 3가지 제도적 장치를 마련하였다.

● 선물환 포지션 한도 제도 도입

외환 당국은 2010년 10월에 금융 기관의 선물환 포지션 한도를 국내 은행은 전월 말 자기 자본의 50%, 외은 지점은 250%로 설정하였다. 이후 한도 비율은 금융 시장의 상황에 따라 변경되어 현재 30%와 150%로 축소되었다.

선물환 포지션 비율 한도 조정

구분	제도 도입(2010년 6월)	1차 조정(2011년 6월)	2차 조정(2012년 11월)
국내 은행	50%	40%	30%
외은 지점	250%	200%	150%

자료: 한국은행 등 4개 기관 보도 자료(2012.11.27)

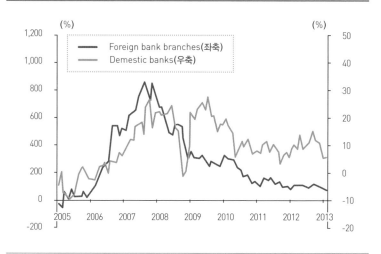

자료: 한국은행, IMF(2013)에서 재인용

여기서 선물환 포지션 한도를 제한한 배경을 살펴보자. 선물환이란 외환의 매매 거래에서 결제 시점을 미래로 정한 것이며 여기서 미래란 현물환 거래의 결제 시점 상한인 t+2일보다 나중, 그러니까 외환 매매 계약 체결 후 t+3 영업일부터 결제하는 외환 매매를 말한다. 통상 1개월, 3개월 등 개월 수 단위로 계약이 체결되는 경우가 많다. 금융 기관이나 기업이 선물환의 매수 또는 매도 포지션을 가질 경우 이는 현물환 시장에도 영향을 미친다.

먼저, 선물환 매수 포지션의 경우를 살펴보자. 금융 기관이나 기업이 선물환 매수 포지션을 가질 경우, 이는 거래 상대 은행으로부터 선물환을 매수한 것이 매도한 것보다 많다는 의미이다. 이는 거래 상대 은행의 입장에서는 선물환 매도 포지션 즉, 선물환 매수보다 많은 선물환 매도 초과 상태에 있음을 의미한다.

이 거래 상대 은행은 통상 환 포지션을 중립으로 가져가기 위해 선물환 매도 포지션에 상응한 규모의 현물환 매수를 하게 된다. 이를 환 리스크 헤징이라 하며 이 과정에서 현물환 환율이 상승하게 된다.

당국이 선물환 매수 포지션을 제한하는 이유는 금융 기관이나 기업 등이 환율 상승에 따른 환차익을 얻을 목적으로 선물환 매수를 하는 투기적 외환 거래로 인해 환율이 단기간에 과도하게 상승하는 현상을 예방하기 위한 것이다.

이제 선물환 매도 포지션의 경우를 살펴보자. 선물환 매수 포지션이 환율 상승에 따른 환차익을 기대하면서 발생할 수 있는 것과 반대로, 선물환 매도 포지션은 환율 하락에 따른 환차익 목적의 거래를 통해 증가할 수 있다.

기업이나 금융 기관이 선물환 매도가 선물환 매수보다 큰 선물환 매도 포지션을 갖는 경우 거래 상대 은행은 선물환 매수 포지션을 갖게 되며, 환 헤지를 위해 현물환 시장에서 달러화를 매도하게 된다. 이 과정에서 원·달러 현물 환율의 하락 속도가 가속화된다.

또한 선물환 매도의 거래 상대 은행은 현물환 시장에서 매도할

국내 은행과 외은 지점의 선물환 매입에 따른 영향

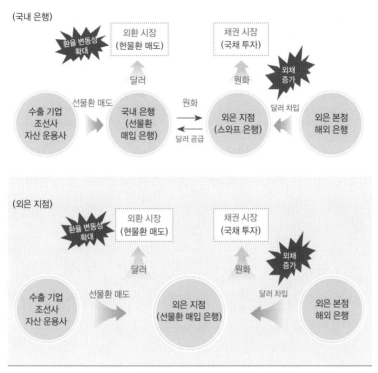

자료: 〈자본유출입 변동 완화방안〉(2010.6.14, 한국은행 등 4개 기관 보도 자료)

달러화를 외환 스와프 시장에서 차입하게 되는데 여기서 두 가지 부정적 효과가 발생한다.

그 하나는 스와프 차입의 상대 은행이 주로 외은 지점이며 이 외은 지점은 외환 스와프 시장에서 대여할 외화를 외국 소재 본점으로부터 들여오게 된다. 이 과정에서 우리나라의 단기 외채가 증가하게 된다.

또 다른 하나는 외환 스와프 시장의 차입 수요가 증가함에 따라 스와프 시장의 외화 조달 금리가 상승하고 '원화 금리-달러 금리'로 이루어진 스와프 레이트가 하락하게 된다. 이 스와프 레이트는 외은 지점이 달러를 들여와 우리나라 외환 시장에서 원화로 바꾸어 그 원화를 우리나라 국채 등 자산에 투자할 때의 비용에 해당한다. 따라서 외화 차입 수요 증가에 따른 스와프 레이트 하락은 외은 지점이 외화를 들여와 우리나라 자산에 투자할 때의 비용을 낮추게 된다. 이에 따라 외은 지점은 외화를 차입하여 우리나라의 채권에 투자하려는 유인이 증가하고 이는 곧 추가적인 단기 외채의 증가 요인이 된다.

이를 종합하면 선물환 매도 포지션의 부정적 효과는 1) 현물 환율 하락 2) 단기 외채 증가 3) 스와프 레이트 하락에 따른 달러화 유입 및 단기 외채 증가의 세 가지로 요약할 수 있다.

• 외국인 채권 투자 세제 혜택 폐지

외환 당국은 2011년 1월에 외국인 채권 투자의 이자 소득 및 양도 차익에 대해 비과세하던 것을 과세 전환하여 국내 투자자와 동일하게 과세하였다. 이자 소득에 대하여는 14%의 원천 징수를 부활하였고 양도 차익에 대하여는 20%를 과세하였다. 다만 금융 시장의 변동성이 확대될 경우에 대비하여 세율을 0%까지 인하할 수 있도록 탄력 세율 제도를 도입하였다.

제도 도입의 배경으로는 당시 풍부해진 글로벌 유동성이 포트

외국인 채권 자금 유입 추이

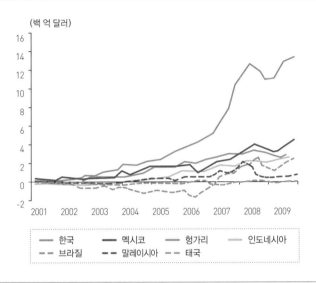

(백 억 달러)

범례: 한국 / 멕시코 / 헝가리 / 인도네시아 / 브라질 / 말레이시아 / 태국

자료: IMF IFS(조석방 등(2010.9)에서 재인용)

폴리오 투자, 특히 채권 투자의 형태로 국내에 빠르게 유입되는 추세를 들 수 있다. 미국을 비롯한 선진국의 초저금리 기조와 양적 완화 정책에 따른 글로벌 유동성의 확대로 신흥 시장국으로의 자금 유입이 촉진되고 있었다. 우리나라의 경우 2010년 1~10월 중 외국인 채권순 투자액이 21.1조 원으로 2008년의 0.5조 원, 2009년의 18.5조 원에 비해 크게 증가하였다(기획 재정부 보도 참고 자료 "외국인 채권투자에 대한 과세 환원조치에 대한 정부 입장", 2010년 11월 18일). 이러한 채권 자금의 급격한 유입은 풍부해진 글로벌 유동성과 함께 상대적으로 양호한 경제 회복세,

건전한 경제 여건 등에 따라 우리나라에 대한 투자 유인이 증가했기 때문인 것으로 볼 수 있다.

그러나 외국인 채권 투자의 과도한 확대는 언제든지 채권 투자 자금이 급격히 유출되면서 시장의 변동성을 확대시키고 경제 전체의 시스템 리스크를 확산시킬 수 있다. 외국인의 채권 시장에 대한 영향력이 확대되면서 채권 시장의 변동성을 확대시키고 외화 유·출입 확대로 이어져 환율 변동성을 증폭시킬 수 있다. 또한 채권 시장의 취약성이 높아져 통화 정책의 유효성이 저하될 가능성도 있다. 특히, 외국인 채권 보유 비중이 높으면 위기 시 자금이 일시에 해외로 유출될 가능성이 높아져 대외 신인도 측면에서 부정적이다. 이러한 조치는 서울 G20 정상 회담에서 필요한 경우 신흥 시장국들이 과도한 자본 유·출입 변동성을 완화하기 위해 거시 건전성 조치를 취할 수 있음을 상호 확인한 바에도 기초한다.

• 외환 건전성 부담금 제도 도입

외환 당국은 2011년 8월 금융 기관의 비예금 외화 부채에 대하여 부담금을 부과하는 제도를 도입하였다. 동 제도를 도입한 이유는 외은 지점 등이 글로벌 금융 위기 이전 외화 예금보다는 외화 차입금 등(비예금 외화 부채)으로 자금을 조달하여 영업을 확대하였다가, 글로벌 금융 위기 시 동 자금의 대규모 유출이 발생하면서 자본 유·출입 변동성이 확대되었다는 진단에 따른 것이다. 이와 동시에 독일, 영국, 프랑스 등 주요 선진국을 중심으로

주요국의 부담금 제도 비교

구분	독일	영국	프랑스	한국
명칭	은행 부과금	은행 부과금	은행 부과금	외환 건전성 부담금
시행일	2011.9.1	2011.1.1	2011.1.1	2011.8.1
대상 기관	은행 (저축 은행 등 포함)	은행, 은행 그룹, 주택 금융 조합, 외은 지점 및 사무소	은행, 신용 기관, 투자 회사, 기타 금융 기관 (자본금 5억 유로 초과 기관)	은행
부과 요율	은행 규모별 0.02~0.06%	0.78% (장기 부채는 50% 경감)	최소 규제 자본금의 0.25%	만기별 0.2~0.02%
부과 대상	총부채 - 예금 - 적립금 - 자본금 - 만기 2년 이상 이익 참여 자본	총부채 - 자본금 - 부보예금 - 정부 보증 RP	위험가중자산을 기초로 산정한 최소 규제 자본금	비예금성 외화 부채

자료: 한국은행, 《우리나라의 외환건전성부담금제도》, 2011.12

글로벌 금융 위기로 발생한 손실 부담을 금융권에서 분담하는 방안이 도입된 점을 감안하여, 우리나라에서도 위기 시에 공급할 외화 유동성 재원을 사전에 마련해 놓는다는 취지도 있었다.

부과 대상 기관은 모든 금융 기관으로 하되 금융 시장에서 차지하는 비중, 시스템 리스크 유발 가능성 등을 고려하여 우선 은행권에 부과하기로 하였다. 부과 대상은 비예금 외화 부채인데, 전체 외화 부채에서 예금 보험 제도가 적용되고 있는 외화 예수금과 자금 차입 성격으로 보기 어려운 일부 외화 부채는 부과 대상에서 제외하였다. 부과 요율은 단기 외채 축소 및 금융 회사 부담 완화 등을 위해 최초 만기별로 부과 요율을 차등화 하였고 지방 은행은 요율의 50%만 적용하도록 하였다. 거두어들인 부담금은 외화 유동성 위기 등의 경우 금융 기관에 대한 외화 유동성 지원 자금으로 활용키로 하였다.

　이러한 부담금 제도의 도입으로 단기 외채가 크게 감소하고 외채 구조의 건전성이 개선되면서 시스템 리스크 축소에 크게 기여할 것으로 기대된다. 그 이유는 외은 지점이 차익 거래를 위해 본지점 차입을 통해서 들여오는 단기 외화 자금 유입이 감소할 것으로 예상되기 때문이다. 단기 외채의 큰 폭 감소는 자본 유·출입 변동성 축소를 가져와 당해 통화 정책의 자율적 운용 여지를 확대하는 데 기여할 것으로 기대된다.

외환 건전성 부담금 부과 전후의 차익 거래 유인 비교

차익 거래란 추가적인 비용이나 위험 부담 없이 현물과 선물 가격의 차이 또는 국가 간의 금리 차이 등을 이용하여 이익을 얻으려는 거래로 차익 거래라고도 한다.

차익 거래의 가장 대표적인 예는 내외 금리 차와 스와프 레이트의 차이를 활용한 거래이다. 즉, 금리 평가 이론에 따르면 내외 금리 차(원화 금리-달러 금리)는 스와프 레이트(스와프 시장에서 달러를 원화로 환전할 때의 비용)와 같아야 하지만, 현실적으로는 내외 금리 차가 스와프 레이트보다 대체로 큰 편이다. 이 경우 해외에서 달러를 차입하여 스와프 시장에서 이를 원화로 환전한 후 국내 채권에 투자하면 이익이 발생한다.

차익 거래 유인을 누릴 수 있는지 여부는 해외에서 달러를 차입할 때 얼마나 낮은 금리를 지불하느냐에 달려 있다. 장기보다는 단기로 차입하는 것이 금리가 낮으며, 해외 본점에서 본지점 차입 경로를 통해 가산 금리를 거의 지불하지 않고 달러를 차입할 수 있는 외은 지점이 일부 가산 금리를 지불해야 하는 국내 은행보다 더 낮은 금리로 차입할 수 있다. 그러므로 외은 지점이 단기로 자금을 차입하여 국내에서 운용할 경우 차익 거래 유인을 충분히 누릴 수 있다고 할 수 있다. 이 점이 글로벌 금융 위기 이전 외은 지점의 단기 차입금을 중심으로 단기 외채가 증가한 배경이다.

그러나 차익 거래 유인은 외환 건전성 부담금 부과 시 큰 폭으로 감소하게 된다. 예를 들면, 2014년 9월 말 3개월 물 기준 차익 거래 이익[15]은 0.39%이나, 여기에서 외환 건전성 부담금(0.2%)을 차감할 경우 0.19%로 축소된다. 그러므로 외환 건전성 부담금 제도 시행은 차익 거래 유인 축소를 통해 외은 지점의 단기 차입금 등 단기 외채를 감소시키는 데 기여할 것으로 기대된다.

외환 건전성 부담금 부과 전후의 차익 거래 유인*

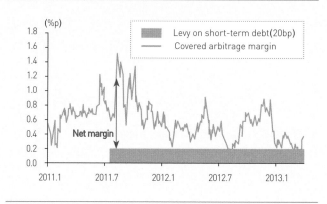

* 3개월물 기준
자료: 한국은행, IMF(2013)에서 재인용

---

15 국내 채권 금리(통안증권 3개월 물) 2.20%, LIBOR 3개월 물 금리 0.23%, 스와프 레이트 1.58%
⇒ 차익 거래 유인 0.39%=내외 금리 차 1.97 % – 스와프 레이트 1.58%

》외환 부문 거시 건전성 정책, 환율 방어용이나 자본 통제 목적은 아님

외환 부문 거시 건전성 정책의 도입과 관련하여 두 가지 이슈를 짚어 볼 필요가 있다.

첫째는 외환 부문 거시 건전성 정책이 환율 방어를 위한 것인가 하는 의문이다. 이에 대해 동 정책은 자본 유·출입의 변동성을 완화하는 데 그 목적이 있으며 환율을 특정한 방향으로 유도하기 위한 조치가 아니라는 것이 당국의 입장이다. 환율이 우리 경제의 기초 경제 여건을 반영하여 시장에서 결정되어야 한다는 정책 기조에는 변함이 없다는 것이다.

둘째는 외환 부문 거시 건전성 정책이 자본 통제인가 하는 이슈이다. 이에 대해 동 정책은 금융 시장의 시스템 리스크를 축소하기 위한 것으로 G20 서울 정상 회담 합의문 등에 비추어 국제적인 정합성이 있다는 것이 당국의 입장이다. 국제기구도 우리나라의 선물환 포지션 한도 제도를 자본 통제가 아닌 거시 건전성 정책의 사례로 인정하였다. 또한 외환 건전성 부담금은 거주성에 따라 차별 적용하지 않는다는 점에서 외국인의 채권, 주식 투자 자금에 과세하는 거래세(토빈세)와 다르다.

• • • 시장 안정화 조치

» 시장 안정화 조치: 당국이 외환 시장 매매에 참여

외환 당국은 우리나라 외환 시장의 변동성이 커지거나 불안정성이 높아질 경우에는 외환 시장의 거래에 참가하여 외환 시장의 가격을 안정시킨다. 외환 시장의 변동성은 외화 자금의 급격한 유입 또는 유출에 의해 양방향으로 커질 수 있다.

통상 외화 자본이 급격히 유출될 경우에는 원·달러 환율이 빠르게 상승하거나 또는 스와프 레이트가 크게 하락하는 경우가 많다. 반대로 외화 자금이 급격히 유입되는 경우에는 원·달러 환율이 빠르게 하락하거나 스와프 레이트가 크게 상승할 수 있다.

외환 당국은 시장 기능만으로는 외환 시장이 안정되기 어렵다고 판단될 경우에는 환율 또는 스와프 레이트를 안정시키기 위해 시장에서 외환의 매매에 참여할 수 있다.

》 환율 안정화 조치

외화 자금이 급격히 유출되는 경우에는 대부분 환율이 빠르게 상승하게 된다. 이 경우 환율 상승은 우선 외화 자금의 실제 지급에 필요한 실수요 달러화 매수에 영향을 받는다. 그러나 향후 환율 상승에 기대어 환차익을 얻으려는 투기적 목적의 달러화 매수에 의해서도 환율 상승이 영향을 받을 수 있다. 이러한 외환 시장의 움직임을 방치할 경우 투기적 목적의 달러화 매수에 의해 환율의 상승 속도가 더 빨라지고 외환 시장의 불안정성은 고조된다.

외환 당국은 이러한 상황을 방지하거나 또는 진정시키기 위해 필요한 경우 투기적 달러화 매수에 대응하여 외환 시장에서 달러화를 매도한다. 이 경우 외환 보유액이 감소하고 향후 원·달러 환율이 급등할 경우 외환 보유액 매도에 의해 환율을 적극적으로 방어하기 어렵다는 우려가 발생하지 않도록 유의할 필요가 있다. 외환 당국이 달러화를 매도하는 조치는 신중히 해야 한다는 지적이 이러한 관점에서 나온다.

외화 자금이 급격히 유입되는 경우에는 환율이 빠르게 하락한다. 이 경우 수출 업체는 수출로 벌어들인 달러화를 원화로 바꿀 때 원화 금액이 줄어들게 된다. 또한 수출 상품의 원화 가격이 불변일 때 달러 표시 수출 가격이 상승하게 되어 수출 수요가 줄어들게 된다.

외환 당국은 외화 자금의 급격한 유입이 실물 경제 활동 결과 나타나는 경상 수지 흑자에 의한 것이 아니라 투기적 동기에 의한 것이라고 판단될 때 시장 안정화 조치를 하게 된다. 즉, 환율 하락을 기대한 환차익 목적의 달러화 매도로 실물 경제와 상관없이 환율이 급격히 하락하게 되고 이를 방치할 경우 수출 기업들 중 일부가 도산함으로써 실물 경제에 타격을 줄 수 있다. 이 경우 외환 당국은 외환 시장에서 달러화를 매입함으로써 원·달러 환율의 하락 속도를 완화시킨다. 이 경우 달러화 매입은 외환 보유액의 증가를 수반한다.

≫ 환율 안정화 조치 관련 국제적 논의

외환 시장 안정화 조치는 결국 환율 안정으로 귀결된다. 환율이 안정되면 스와프 레이트, CDS 프리미엄 등 외환 시장의 모든 지표들이 함께 안정되기 때문이다. 그런데 국제 사회에서 환율의 안정화 조치와 관련하여 논란이 발생하는 경우는 환율의 하락세를 완화하기 위해 당국이 외환 시장에서 달러화를 매입하는 때이다. 당국이 달러화를 매입하게 되면, 외환 시장에서의 달러화 수요와 공급에 의해 결정되는 경우보다 덜 하락하게 된다. 국제 사회는 경우에 따라 당국이 외환 시장 개입으로 환율을 인위적으로 끌어올렸다고 판단할 수 있다. 그만큼 원화 가치가 달러화에 대해 낮아지게 되고 우리나라 제품의 수출 가격이 달러화 표시 기준으로 낮아지게 되기 때문이다.

국제 사회의 환율 안정화 관련 논의의 기준으로 다음 두 가지를 들 수 있다. 하나는 IMF가 각 회원국의 환율 제도를 분류할 때 자유 변동 환율제로 분류하느냐의 여부이다. 그렇지 않으면 그 나라의 환율 제도가 자유 변동 환율제가 아니라는 의미이다. 곧 그 나라의 환율이 외환 당국의 인위적인 개입으로 저평가 상태에 있을 가능성을 암시하는 것이다.

다른 하나는 미국 재무부의 환율 보고서이다. 미국 재무부는 연 2회 각국의 환율 정책 및 수준에 대하여 평가하여 이를 미 의회에 보고한다. 만일 미 의회가 특정국이 인위적인 개입으로 환율을 저평가 상태로 유지하고 있다는 미 재무부의 보고를 인정하면, 그 나라에 대해 보복 관세의 부과를 결정할 수 있다. 그 나라는 향후 미국에 수출할 때 보복 관세만큼 수출 가격이 비싸진다. 또한 국제 사회로부터 환율 조작국이란 비난을 받게 된다.

이와 관련하여 국제 사회에서 정치적으로 이슈가 된 것이 두 가지가 있다. 하나는 중국이 위안·달러의 환율을 상하 일정 범위

(예를 들어 상하 2%) 내로 유지하는 것이 시장 개입에 의한 환율의 조작에 해당하는가 여부이다. 중국이 미국으로부터의 대규모 무역 흑자를 바탕으로 세계 최대의 외환과 미 국채를 보유하는 반면, 위안화의 가치는 상대적으로 덜 빠르게 오르는 점이 관찰되면서 제기된 의문이다. 이에 대해 미국이 중국을 환율 조작국으로 지정하고 이에 따른 불이익을 줄 경우, 중국도 미 국채 매도 또는 달러화 매도 등으로 이에 맞대응할 것이 우려되어 미국이 그리하지 못하는 것으로 생각된다.

다른 하나는 일본이 아베노믹스를 통해 무제한 통화량을 늘리는 것이 과연 환율 조작인가 하는 논의이다. 일부 국가들은 일본의 통화량 증가 정책은 결국 엔화가 약세로 갈 것이라는 점을 알고 시행한 것이기 때문에 엔화 약세 정책이고 따라서 시장 개입 또는 환율 조작이라고 주장한다. 이에 대해 일본은 외환 시장에서 엔화를 팔고 달러를 매입하는 시장 개입을 한 적이 없기 때문에 시장 개입이 아니며 엔화 약세는 디플레이션을 탈피하기 위해 통화량을 공급한 결과 발생한 부수적인 효과라고 반박한다. 미국이 일본의 정책은 디플레이션을 탈피하기 위한 정책이고 이로 인해 일본 경제가 회복하면 세계 경제에도 도움이 된다고 입장을 밝히면서 일본의 주장이 힘을 얻었다.

IMF의 국가별 환율 제도 분류*

환율 제도	국가 수	주요 국가
고정환율제도	**25개(13.2%)**	-
No seperate legal tender**	13개(6.8%)	에콰도르, 엘살바도르, 코소보, 몬테네그로 등
Currency Board***	12개(6.4%)	홍콩, 불가리아, 리투아니아, 도미니카 공화국 등
중간단계환율제도	**75개(39.5%)**	-
Conventional peg****	43개(22.6%)	사우디아라비아, 아랍 에미리트, 네팔, 쿠웨이트 등
Crawling peg*****	3개(1.6%)	니카라과, 보츠와나, 볼리비아
기타	29개(15.3%)	**중국**, 이라크, 베트남, 우크라이나, 아르헨티나 등
자유변동환율제도	**66개(34.7%)**	-
floating	35개(18.4%)	**한국**, 인도, 브라질, 콜롬비아, 태국, 터키, 인도네시아 등
Free floating	31개(16.3%)	**미국, 유럽 통화 연맹 소속 17개국, 영국**, 캐나다, 호주, 멕시코 등
기타	**24개(12.6%)**	싱가포르, 스위스, 러시아, 말레이시아 등
합계	**190개 (100.0%)**	-

* 고정환율제도, 중간단계환율제도, 자유변동환율제도 등의 분류는 한국은행(2012)을 따름
** 고유의 법정 통화가 없는 국가
*** 통화위원회: 자국 통화의 환율을 기축 통화 등에 고정시킨 후 외화 준비 자산 범위 내에서만 화폐 발행을 실시
**** 전통적 페그: 자국 통화를 기축 통화 등(달러화, 유로화, SDR 등) 복수의 통화 바스켓에 연동시켜 고정된 기준 환율을 유지
***** 크롤링 페그: 자국 통화를 단일 통화 또는 복수 통화 바스켓에 연동시켜 단기적으로는 고정된 기준 환율을 유지하고, 장기적으로는 사전에 정해진 환율 수준에 수렴하도록 기준 환율을 주기적으로 미세 조정

자료: IMF(2012)

PART
03

향후 통화 전쟁
전망

Chapter 01

미 달러화의 기축 통화 지위 유지 전망

달러화, 자체의 힘만으로도
기축 통화 지위는 유지 가능

• • • 달러화 이외 통화가 기축 통화 역할을 하기에는 역부족

달러화 기축 통화 위상이 유지될지 여부를 논하려면 달러화를 대신해 기축 통화 역할을 할 통화가 있는가를 살펴보면 된다. 결론은 없다는 것이 필자의 견해다. 이를 입증하기 위해 최근 들어 달러화 기축 통화의 부정적 측면을 비판하는 대표적인 두 국가로 중국과 유럽의 주장을 살펴보자.

》 중국이 초국가적 기축 통화로 제안하는 SDR은 비현실적

중국은 달러화가 기축 통화 역할을 하는 것을 반대하면서 대안으로 IMF가 발행하는 SDR과 페이퍼골드를 제시했다. 이 둘은 모두 한 나라의 중앙은행이 발행하는 것이 아니기 때문에 한 나라의 통화 정책에 세계 모든 나라가 얽매이는 부작용을 방지할

수 있다는 것이 중국이 내세우는 주장이다.

그러나 통화가 되려면 세계 금융 거래와 실물 거래에서 유통이 되는 화폐의 실물이 있어야 한다. SDR은 IMF가 회원국에게 발행하는 하나의 증서 형태이다. 화폐보다는 증권에 더 가깝다. 페이퍼골드도 일견 실물 금 가격과 연동하는 증서이기 때문에 증서 또는 증권으로서의 한계를 극복하기 어렵다.

또 하나의 한계는 이 증서 또는 증권들을 누가 발행하느냐이다. 세계 중앙은행이 없는 상황에서 한 나라의 중앙은행이 발행하는 것을 피하기 위해 이 새로운 화폐들이 도입되는 것이라면 결국 IMF 또는 다른 국제기구가 발행할 가능성이 높다. 그럼 논의의 초점은 다시 이 국제기구들을 누가 주도하느냐로 귀결된다. IMF 등 기존의 국제기구는 미국의 영향력이 절대적이고, 중국 등 신흥 시장국이 추진하는 국제기구는 갈 길이 멀다. 결국 중국이 주장하는 SDR이나 페이퍼골드는 달러화의 기축 통화 지위를 대신할 수 없다는 결론에 도달하게 된다.

[참고] ──

미 달러화의 위상 강화에 대한
에스와르 프라사드(Eswar Prasad) 美 코넬대 교수의 의견

에스와르 프라사드 교수는 글로벌 금융 위기 이후 미 달러화의 위상이 강

화된 배경으로 유동성이 풍부한 금융 시장, 연준에 대한 외국 투자자들의 강한 신뢰 등을 거론하였다. 즉, 글로벌 금융 위기 이후 증폭된 자본 시장의 변동성으로 투자자들이 안전하고 유동성이 높은 자산에 투자하려 하였으나, 미국을 제외한 여타 국가의 안전 자산 공급이 충분치 않아 결국 국제 투자 자금이 미국으로 유입될 수밖에 없었으며, 연준에 대한 강한 신뢰 등도 이러한 현상의 한 배경이 되었다는 것이다.

이를 바탕으로 프라사드 교수는 위안화의 도전 등에도 불구하고 미 달러화의 기축 통화로서의 지위가 흔들릴 가능성이 낮은 것으로 보았다.

자료: 에스와르 프라사드 코넬대 교수의 강연
(2014.3.13, 한국은행 뉴욕 사무소 자료를 재인용)

» 유로화는 그 가치를 달러화의 차입으로 안정시킨 통화

유로화는 달러화 다음으로 국제 거래에서 많이 사용되는 통화이다. 또한 최근 일부 유럽 국가들에서 국제 결제 수단으로서 달러화 외에 다양한 통화, 즉 유로화를 사용해야 한다는 주장이 나오고 있다.

외견상은 미국이 제재 대상국인 이란 등과 거래했다는 이유로 유럽의 은행들에 대해 벌금을 부과한 데 따른 반발이다. 독일과 프랑스를 중심으로 반발이 크다. 하지만 실상은 미국만이 달러화를 기축 통화로 발행하고 화폐 발행의 차익을 독점하는 한편, 달러화를 무기로 세계 질서를 좌우하는 게 싫었기 때문이라고 필자는 판단하고 있다.

그러면 현실적으로 유로화는 달러화를 대신하여 국제 거래에서 사용되고 그 결과 달러화를 기축 통화 지위에서 밀어낼 수 있겠는가? 불가능하다.

그 이유는 모든 국제 거래에 달러화가 연결되어 있기 때문이다. 국제 거래는 최종적으로 거래 대금을 결제함으로써 거래가 종료된다. 그런데 그 결제가 대부분 뉴욕에 있는 미국의 한 은행에 개설된 달러 계정을 통해 이루어지고 있다. 예를 들어 우리나라 한 은행이 유럽의 한 은행에서 차입을 한다고 가정하자. 이 경우 뉴욕에 개설된 유럽 은행의 계정에서 달러화로 일정 금액이 차감되고 동일 금액이 우리나라 은행의 계정으로 들어온다. 미국의 은행 계정과 달러화를 사용해야 대부분의 국제 거래가 종결되는 것이다. 수출입 대금의 결제도 마찬가지이다.

유로화가 미 달러화를 이길 수 없는 또 하나의 이유가 2008년 글로벌 금융 위기 때 여실히 드러났다. 유럽 중앙은행이 유로화를 발행하는 것만으로는 위기에서 벗어날 수 없었다. 위기 때에는 모든 경제 주체들이 안전 통화로서 미 달러화를 원한다. 유럽 중앙은행이 미 연준과 무제한적인 달러화 공급 약속, 즉 통화 스와프 협정을 체결하고 유로 지역이 위기로부터 회복된 것은 유로화가 달러화를 이길 수 없음을 단적으로 보여 주는 사례라고 필자는 생각한다.

아이켄그린(Eichengreen)의 기축 통화에 대한 전망

미국의 저명한 국제금융학자인 배리 아이켄그린(Barry Eichengreen) 은 유로화, SDR, 위안화가 유동성이 높고 방대한 규모의 금융 시장을 가진 달러화를 조기에 대체할 가능성은 희박하다고 전망하고 있다.

아이켄그린은 먼저 유로화의 경우 1) 전체 국채 시장은 크지만 발행 국가별 신용도가 다른 점 2) 영국이 유로화에 불참한 점 때문에 기축 통화가 되기에 어려움이 있다고 보고 있다. 다음으로 SDR은 1) 민간 SDR 시장이 없는 점, 2) IMF에 최종 대부자 기능이 부여되기 어려운 점에서 기축 통화가 되기 어렵다고 평가한다. 마지막으로 위안화는 1) 중국이 자본 시장 개방을 하지 않고 있는 점 2) 자본 시장을 개방할 경우 은행의 신용 할당과 고정 환율을 통해 산업을 지원하고 있는 중국 경제 성장 전략에 전면적인 수정이 불가피한 점을 기축 통화가 되기 어려운 근거로 내세우고 있다.

아이켄그린은 이러한 점을 감안할 때, 향후 달러화의 지위가 다소 낮아질 수는 있겠으나 세계의 기축 통화로서의 중심적인 지위는 계속 유지될 것으로 보이며, 유로화는 유럽에서 위안화는 아시아 지역에서의 역할이 더 넓어지는 형태로 변모해 갈 것이라고 전망하고 있다.

자료: 배리 아이켄그린(Barry Eichengreen)(2009), 한국은행(2010)에서 재인용

달러화 이외 미국의 강점이
달러화의 기축 통화 지위를 지지

••• 금융 산업의 지위가 달러화의 지위 유지에 큰 힘이 될 것

미국이 갖는 금융 산업에서의 주도적 지위는 앞으로도 계속 유지될 것이며 이는 달러화가 기축 통화 지위를 유지하는 데 크게 도움이 될 것이다. 영국 〈더 뱅커(The Banker)〉지에 의하면 2013년 말 현재 자기 자본 기준 세계 1,000대 은행 중 149개가 미국 은행으로 가장 많다. 다른 나라들은 중국 110개, 일본 91개, 스위스 35개, 인도 32개, 러시아 29개, 독일 28개, 영국 20개이다. 한편 세계 100대 은행 중에서는 미국과 중국이 각각 15개를 보유하고 있어 제일 많다. 다른 나라들은 일본 7개, 캐나다 6개, 영국 5개이다.

미국의 은행들은 단순한 수치상의 우위를 떠나서 은행 산업을 선도한다. 강력한 미국의 국력이 국제기구들의 국제 기준을 미국 등 선진국의 은행에 유리하도록 이끌어 가는 관행이 계속될 것이다. 게다가 미국의 양대 신용 평가 회사가 미국 은행들의 주요 고객으로서 이들 간의 긴밀한 관계 또한 계속될 것이다. 이러한 배경하에 미국 은행들이 첨단 금융 기법을 이용한 신종 금융 상품의 개발을 계속 주도할 것이다. 다른 나라의 금융 기관들은 이러한 금융 상품들을 도입하여 금융업을 영위하는 입장에서 이 금융

세계 100대 은행의 국가별 분포(2013년 기준)

자료: The Banker

상품을 개발한 미국의 은행들을 이기기 어렵다. 특히 이러한 금융 상품의 이용이나 판매 등과 관련하여 국제적으로 법적인 분쟁이 발생할 경우 이 상품을 고안한 미국의 은행을 이기는 것은 사실상 불가능하다. 상품을 고안한 배경이나 원리에 대해 고안한 은행이 가장 잘 알고 또 그 해석이 유권 해석이 될 가능성이 크기 때문이다.

가장 중요한 것은 글로벌 금융 시장의 대부분 자금 조달 및 운용 관련 결제가 미국 은행에 개설된 계좌를 통해 이루어지고 있다는 점이다. 이러한 거래 및 결제 관행은 단기간 내에 바뀌기 어렵고 결국 미국의 은행을 이용하지 않고 세계화 시대에서 생존할 수 있는 나라는 없다는 결론에 도달하게 된다.

・・・**국제기구의 주도적 지위 지속 예상**

미국이 갖는 국제기구의 주도적 지위는 유지될 것으로 생각된다. 중국을 중심으로 새로운 국제기구의 설립이 추진되고 있으나 이들 국제기구가 미국이 절대적 영향력을 갖고 있는 IMF나 세계은행(World Bank)과 경쟁하기는 어려울 것으로 판단된다.

신설이 추진 중인 이들 국제기구는 우선 자금 지원 규모가 크지 않고 지배 구조나 자금 지원 관련 노하우도 축적되어 있지 않기 때문이다. 또한 중국 등 신흥 시장국이 추진하는 이러한 국제기구에 국제 사회에서 얼마나 적극적으로 호응할지도 미지수이다.

특히 미국을 중심으로 국제기구를 주도하는 국가들이 신흥 시장국을 중심으로 한 국제기구 설립 움직임에 부정적인 입장을 취할 것으로 예상된다. 이 경우 기존 국제기구의 영향력이 절대적으로 큰 상황에서 그 국제기구의 자금에 의존해야 하는 국가들이 새로이 설립되는 국제기구에 적극적으로 참여하기 어려울 수도 있다. 또한 미국과의 정치·외교적인 관계가 밀접한 국가들의 경우 미국의 입장을 무시하고 새로이 추진되는 이들 국제기구에 적극 참여하기가 어려울 것이다.

다만, 중국 등 신흥 시장국이 추진하는 이러한 국제기구의 자금 지원 규모가 앞으로 꾸준히 늘어나는 경우에는 비록 점진적이긴 하겠으나 국제기구의 다변화가 이루어질 가능성이 있다. 특히 미국 등 국가의 눈치를 덜 보아도 되는 국가들의 경우에는 자국

162

의 이익을 우선시하여 기존의 국제기구와 새로이 설립되는 국제기구의 장점을 모두 이용하려 할 것이다.

··· 군사력, 격차가 다소 줄어들겠으나 절대적 우위 자체는 유지 예상

앞으로도 미국의 군사력이 절대적으로 우위를 지키는 상황은 계속될 것이다. 그 이유는 지금 현재 미국이 군사비 지출과 첨단 무기 측면에서 갖는 절대적 우위의 정도가 다른 나라들이 빠른 시일 내에 따라잡을 수 없을 정도이기 때문이다.

그러나 절대적 우위의 정도는 점차 약해질 것이다. 중국과 같이 고성장을 하는 국가는 그 성장을 바탕으로 군사비 지출을 늘리면서 미국과의 격차를 계속 좁힐 것이다. 또한 미국이 보유한 첨단 무기 기술의 격차도 이미 점차 좁혀지고 있다. 예를 들어 전투기와 함정 등에 도입되는 스텔스 기술의 경우에도 미국 외에 중국과 러시아는 물론 일본까지 기술력을 높이고 있다.

여기서 중요한 것은 군사 기술과 신무기 분야에서는 이미 군사 강국의 반열에 들어간 국가들의 경우 새로 개발하는 데 제약이 적다는 것이다. 경제력과 기술력 측면에서도 그렇고 정치적으로도 이들 국가들은 미국의 제약을 크게 받지 않는다. 따라서 이들 국가들 간에 치열한 신무기 및 신기술 개발 경쟁, 나아가 수출 경쟁이 가속화되면서 미국과의 격차는 서서히 좁혀질 것이다.

　미국의 양대 신용 평가 기관(S&P, Moody's)이 갖는 절대적인 지위는 앞으로도 계속 유지될 수밖에 없을 것이다. 그 이유는 이들 신용 평가 기관들이 이미 세계 시장을 점유하여 시장을 사실상 독점하고 있기 때문이다. 유럽이 미국의 시장 독점에 대항해 설립한 기관(Fitch)이 있기는 하나 이미 관행화된 시장 질서를 바꿀 정도는 아니다. 이는 미국의 신용 평가 기관들이 국제 금융 시장을 주도하는 미국의 정책, 미국의 금융 기관들과 밀접한 관계를 감안하면 더욱 명확해진다.

　미국의 신용 평가 시장 독주에 대항하려는 움직임이 유럽 외에도 중국과 일본 등에서 일부 있었으나 사실상 고객의 호응을 얻지 못해 미국 신용 평가 기관들과 대항하지 못하고 있는 실정이다. 중국과 일본 등이 설립한 이들 기관들로부터 신용 평가를 받았다고 해서 미국의 양대 신용 평가 기관의 평가 없이 뉴욕이나 런던 등 국제 금융 시장에서 자본 조달 등이 가능한지가 분명하지 않기 때문이다. 결국 신용 평가 비용을 이중으로 부담하면서 얻는 다른 이익이 더 커야만 이들 새로 설립되는 신용 평가 기관의 수요가 증가할 것이다.

• • • 에너지 강국으로 부상할 가능성 또한 달러화의 위상을 높일 것

한편 미국은 달러화 및 금융 부문의 지위 이외에 에너지 부문에서도 영향력을 확대할 것으로 보인다. 보스턴컨설팅그룹(Boston Consulting Group)에 따르면[16] 2003년 이후 미국의 셰일가스(shale gas) 생산이 10배 이상 증가하였다. 이에 따라 미국 천연가스 도매가격이 2005년 이후 51% 하락하였다. 셰일가스의 회수 가능 원가가 2020년에는 2005년의 절반 수준으로 떨어질 것이고, 2035년에는 미국 셰일가스 생산이 12조 큐빅피트(cubic feet)로 증가할 것으로 예상된다. 더구나 미국의 셰일가스 매장량은 확인된 것만 350조 큐빅피트이고 추가로 1,600조 큐빅피트 정도가 매장되어 있을 가능성이 있다.

또한 한국은행 자료[17]에 따르면 미국은 2020년경 세계 최대 산유국이 될 전망이다. 이는 곧 미국의 풍부한 에너지 자원이 미국의 주도적 지위를 지지하는 새로운 원천이 될 수 있음을 의미한다.

---

16 Harold L. Sirkin, Michel Zinser, Justin Rose, 〈Behind the American Export Surge〉, Boston Consulting Group, 2013.8.

17 김정훈·최정은, 〈셰일오일 생산이 미국경제 및 국제석유시장에 미치는 영향〉, 한국은행 국제경제리뷰, 2014.2.26.

미국이 세계 최대 산유국이 될 것이라는 전망

셰일오일은 모래와 섞인 진흙 덩어리인 퇴적암(셰일) 틈새에 있는 석유를 말한다. 이를 개발하는 데에는 높은 기술 수준이 요구되어 일본의 기업들도 고전을 면치 못하고 있는 것으로 알려져 있다.

그러나 미국은 셰일오일 개발에 성공하면서 최근 석유 생산량을 늘려 가고 있다. 석유 생산 전망 기관에 따르면 2020년경에는 사우디아라비아와 러시아보다 석유를 많이 생산하게 되어 세계 최대 산유국이 될 전망인데, 이는 미국이 에너지 패권마저 장악하게 됨을 의미한다.

국가별 석유 생산 전망*　　　　　　　　　　　　　　　(단위: 백만 배럴/일)

국가	2013년	2015년	2020년
미국	7.50(3.48)	9.29(4.49)	12.7(4.8)
캐나다	4.17	4.66	5.1
러시아	10.51	10.59	10.7
사우디아라비아	9.59	-	10.6
이라크	3.03	-	6.1
세계	91.49(3.68)	95.58(4.99)	103.7(5.8)

* (　)는 셰일오일 생산량
자료: EIA, IHS(한국은행, 국제경제리뷰(2014.2.26)에서 재인용)

자료: 김정훈·최정은, 〈셰일오일 생산이 미국경제 및 국제석유시장에 미치는 영향〉,
한국은행 국제경제리뷰, 2014.2.26.

종합 전망

• • • 달러화의 지위는 유지될 것, 금융의 지위와 연계

미국이 갖는 달러화와 금융의 주도적 지위는 앞으로도 계속 유지될 것으로 예상된다.

달러화는 글로벌 금융 위기 때 다른 통화와 경합이 불가능하였다. 따라서 사실상 유일한 기축 통화로 인정될 수밖에 없다. 이러한 사실은 2008년 글로벌 금융 위기 때 ECB가 달러화의 힘을 빌려 유로화를 안정시키고 유럽이 금융 위기에서 회복되기 시작한 사실에서 입증된다.

또한 일본 엔화는 국제 통화의 일종이지만 달러화보다 국제 결제에 사용되는 비중이 낮다. 또한 금융 위기 때 수요가 증가하여 안전 통화로 분류되지만 달러화보다 안전 통화는 아니다. 금융 위기 때 엔화가 달러화보다 강세 폭이 큰 경우가 발생할 수 있으나 이는 엔캐리 청산에 의한 경우가 많다. 달러화를 팔고 엔화를 산 것으로 확인되지 않는 경우에는 엔캐리 청산만으로 엔화가 달러화보다 안전 통화라고 말할 수 없는 것이다. 따라서 엔화는 미국과 대등한 통화가 될 수 없다.

마지막으로 위안화가 국제화를 추진하고 있으나 이는 장기적으로 추진되는 것이며 또한 주로 아시아 국가들과 신흥 시장국을 대상으로 추진되고 있다. 전 세계 교역과 금융 거래의 최종 결제가 대부분 달러화와 연계되어 있는 점에서 다른 통화는 달러화와 경쟁할 수 없다.

금융 면에서 미국이 갖는 절대적인 지위도 다른 나라들이 넘을 수 없다. 이는 달러화의 위상과도 연계되어 있다. 금융 거래의 대부분이 미국 은행에 개설된 달러화 계정을 통해 결제되기 때문이다. 미국의 은행 계정을 이용하지 못하도록 제한하면 한 나라의 금융 거래가 정지되고 그 나라는 대외 거래와 관련한 결제를 하지 못하게 된다. 무서운 현실이다.

••• 다른 분야의 주도적 지위가 유지되어 달러화 지위 지지

미국이 갖는 주도적 지위 가운데 달러화와 금융 분야를 제외한 여타 분야는 앞으로 비록 점진적이긴 하겠으나 다른 나라들의 도전이 더욱 거세질 것이다. 이는 여타 국가들의 개별적인 노력에 의해 격차의 축소가 가능하기 때문이다.

군사력의 경우 세계 각국이 스스로 기술을 개발하고 신무기를 양산하면 미국과의 격차가 줄어든다. 국방비의 경우도 미국보다 빠른 경제 성장률을 바탕으로 국방비를 증액하면 미국과의 격차를 줄일 수 있다. 핵무기의 경우 소형화 기술과 운반 기술이 관건인데 이는 기초 과학이 바탕이 되면 기술 개발 투자를 늘림으로써 미국과의 격차를 줄일 수 있다.

　신용 평가 시장도 중국 등을 중심으로 한 신흥 시장국에서 자체 평가 기관을 설립하고 자기네 경제 블록 내 국가들을 중심으로 이용 확대 노력을 계속할 것이다. 또한 이를 바탕으로 점차 이용 국가 확대, 지배 구조 개선 등의 노력을 함으로써 미국 신용 평가 기관과의 격차 축소 노력을 꾸준히 장기적으로 추진할 것이다. 특히 중국이 막대한 외환 보유액 등 풍부한 재원을 바탕으로 신흥 시장국들에게 금융 지원을 확대하면서 중국 등 미국 이외의 국가가 설립한 신용 평가 기관의 사용 확대를 요청할 것이다. 중국은 자국의 신용 평가 기관뿐 아니라 미국 이외 국가들의 신용 평가 기관 사용을 확대함으로써 미국 신용 평가 기관의 사용을 장기적으로 감소시키려 할 것이다.

Chapter 02

중국 위안화, 제2의 국제 통화로 부상

위안화는 제2의 국제 통화로 부상할 것

••• 중국 위안화 국제화에 더욱 박차를 가할 것

중국 위안화의 국제화는 앞으로 빠르게 진행될 것이다. 중국은 근본적으로 중화사상에 기초하여 중국이 세계의 중심이라고 믿는 나라이다. 그런데 미국이 달러화를 기축 통화로 발행하면서 독점적으로 화폐 제조 차익을 얻는 점을 인정하기 싫어한다. 또한 중국의 외환 보유액이 약 4조 달러에 이르는 상황에서 이중 달러화 자산(60% 전제 시 2조 4,000억 달러 상당)이 달러화가 약세로 갈 경우 그 가치가 하락하는 점도 받아들이기 싫어한다.

따라서 중국은 앞으로 커 가는 국력을 최대한 위안화 국제화에 쏟을 것으로 예상된다. 그 대표적인 예로 아세안(ASEAN)과 여타 신흥 시장국을 대상으로 대외 원조 및 위안화 통화 스와프 등과 연계한 위안화 결제 확대 노력이 가속화될 것이다. 또한 중국과의 자유무역협정(FTA)을 체결하는 국가를 대상으로 위안화와 협정 대상국 통화 간 직거래 확대를 늘려 나갈 것이다. 이렇게 함으로써 위안화의 국제 거래 비중은 높아지고 달러화의 국제 거래 비중은 낮아지는 현상이 장기적으로 꾸준히 목격될 것으로 예상된다.

••• 초국가적 기축 통화 제의, 위안화 지위의 상대적 상승 기대

중국이 초국가적 기축 통화 제의를 하는 목적은 달러화의 힘을 약화시키는 데 있다. 중국도 IMF의 SDR이나 페이퍼골드 같은 제안에 현실성이 없다는 점을 알고 있을 것이다. 그러나 이러한 제의가 계속되는 것 자체가 달러화의 독점적 기축 통화 지위에 흠이 있다는 점을 국제 사회에 알리는 것이라는 차원에서 앞으로 이러한 노력을 배가할 것으로 예상된다.

그러면서 다른 한편으로는 위안화의 국제화 노력을 병행함으로써 가능한 한 다방면에서 달러화의 독점적 위치를 약화시키려는 노력을 계속해 나갈 것이다.

중요한 것은 신흥 시장국들이 경제 성장을 바탕으로 경제 규모가 커지고 지식 수준도 높아지면서 점차 이들 국가의 자주 의식(nationalism)이 높아진다는 것이다. 따라서 앞으로는 이들 신흥 시장국들이 미국이 주도하는 국제 질서를 무조건 따르기보다는 자국에 이익이 되는 경우 중국 등이 제시하는 새로운 국제 질서에 찬성할 가능성이 점차 커질 것이다. 중국이 믿는 점이 바로 이

것이며 이러한 현상은 앞으로 가속화될 것이다.

중국인민은행 총재의 신(新) 기축 통화 제안

저우 샤오촨(周小川) 전 중국인민은행 총재는 2009년 3월 23일 중국인
민은행 홈페이지에 '국제 통화 제도 개혁에 관한 사고'라는 제목의 기사
를 통해 기축 통화로서 IMF의 SDR을 폭넓게 활용할 것을 제의하였다.
중국인민은행 총재가 내세운 논리는 일국의 통화가 기축 통화로서 기능
하는 것은 이론적으로 불가능하며[18], 당시와 같이 금융 위기가 만연한 시
기에서는 달러화보다 범국가적이며 통화 가치의 안정을 담보할 수 있는
새로운 기축 통화가 필요하다는 것이었다. 그러나 실제로는 미국 최대의
채권국인 중국이 달러화의 팽창으로 위기를 수습하고 있는 미국에게 달
러화 가치를 보전하라는 일종의 압력과 함께, 중국의 경제 규모 확대에
걸맞은 발언권과 영향력을 확보하려는 의도가 있었던 것으로 해석된다.
중국인민은행 총재의 제안에 대하여 국제 사회에서 발언권이 높은 미국,
유럽 등은 부정적인 입장을 보였으나, 러시아, 브라질, 인도네시아, 말레
이시아 등은 중국의 새로운 기축 통화 제의에 긍정적인 반응을 보였다.

자료: 한국은행 북경 사무소, 〈중국의 신기축 통화론 제의 배경 및 반응〉,
2009년 4월 7일 자료를 인용

---

18 트리핀의 딜레마(Triffin's dilemma)에 따르면 기축 통화가 되기 위해서는 통화에 대한
국제적인 신뢰와 함께 세계 경제의 성장에 수반되는 통화 공급 증가가 필요하나, 통화의
공급은 곧 국제 수지의 적자를 의미하고 이는 해당 통화의 신뢰 문제를 야기하므로 두
가지 조건을 동시에 충족시키는 것은 불가능하다.

여타 분야의 중국 위상 상승이
위안화의 국제화를 지지

••• 군사력 증강으로 위안화의 위상 강화 도모

중국의 군사력 증강은 앞으로 중국의 약진 중에서 가장 두드러질 전망이다. 중국은 미 달러화가 기축 통화 지위를 유지하는 데 미국의 강력한 군사력이 큰 힘이 된다는 것을 알고 있다. 따라서 미 달러화의 기축 통화 지위에 위안화가 대항하기 위해 위안화의 국제화를 빠르게 달성하려면 군사력 증강이 필수적이라고 판단할 것이다.

중국은 고성장 지속에 따른 경제적 팽창, 세계 최대의 외환 보유액 등 풍부한 재원을 바탕으로 과감히 군사비를 증액함으로써 세계 군사력 판도에서 미국과의 격차를 축소해 나갈 것이다. 또한 핵 기술과 우주 공학 기술 등을 바탕으로 미국과의 첨단 신무기의 개발 경쟁을 가속화할 것이다. 이는 곧 국제 무기 시장에서 미국과 중국 간의 무기 수출 경쟁이 심화될 것임을 의미한다. 중국은 국제 사회에서 미국과 대립 관계에 있는 제3 세계 국가들을 중심으로 무기 수출과 금융 지원을 유인책으로 사용할 것이다. 이를 통해 이들 국가들을 친중국 국가로 만들고 장기적으로는 중국 중심의 새로운 국제 질서 형성을 추진할 것이다.

중국은 위안화의 국제화를 통해 통화의 G2를 달성하기 위해 최근 국제 사회에서 인정받기 시작한 G2 국가의 위상을 더욱 공고히 하려고 할 것이다. 그러기 위해서 중국은 선진국과 신흥 시장국 양편으로 전략을 구사할 것으로 예상된다.

›› 유로 지역과 통화 스와프 등 통화·금융 교류를 확대할 것

먼저 선진국에 대해서는 유로화를 사용하는 유로 지역 국가들과의 위안화 국제화 노력을 강화할 것이다. 유로 지역도 달러화의 패권을 약화시키고 유로화의 위상을 강화하고 싶은 상황에서 이해가 맞아떨어진다. 양 지역이 유로화와 위안화 간 통화 스와프를 확대하고 상호 교역에서 유로화와 위안화를 결제 통화로 점차 널리 사용하려 할 것이다. 또한 유로 지역 국가들의 중국 내 금융 시장 투자를 확대함으로써 중국 금융 시장의 개방과 선진화를 도모할 것이다.

›› 일본과 아시아 맹주 경쟁, 통화 스와프 및 금융 지원 확대

한편, 일본에 대해서는 우선 아시아의 맹주 자리를 놓고 첨예하게 대립할 것으로 예상된다. 아세안 국가들 및 기타 아시아 국가들에 대한 영향력 확대 경쟁이 예상된다. 중국은 일본보다 더 적극적으로 아시아 국가들에 대한 유인책을 과감히 제공하려 들 것이다. 위안화와 아시아 역내 통화 간 통화 스와프를 통해 위기 시 중국이 IMF 외에도 유동성을 지원할 수 있다는 점을 부각시킬 것이다. 이러한 경쟁에서 약 4조 달러에 이르는 풍부한 외환 보유액은 그 자체가 힘으로 작용할 것이다. 또한 아시아 역내 국가들에 대한 원조를 확대하고 이와 연계하여 이들 국가와의 교역에서 위안화를 통한 결제를 늘려 나갈 것이다. 위안화 국제화를 통해 위안화가 유로화와 엔화를 앞서는 달러 바로 다음의 제2의 기축 통화로 성장하도록 키워 나갈 것이다. 물론 최종 목표는 달러화와의 한판이겠지만….

» 아시아 외의 신흥 시장국 지원도 확대할 것

중국은 세계의 중심 국가로서 위상을 강화하기 위해 아시아 밖에서도 신흥 시장국과의 협력을 강화할 것이다. 아프리카 신흥 시장국, 러시아로부터 분리 독립한 국가들 및 기타 신흥 시장국을 중심으로 친중국 성향 제고를 위해 투자를 확대해 나갈 것이다. 위기 시 금융 지원, 위안화와 해당국 통화 간 통화 스와프, 해당국과의 교역에서 위안화 사용 확대 노력은 다른 지역과의 협력과 비슷한 맥락에서 예상될 수 있다. 이외에도 이들 국가들과의 군사적 협력 강화가 병행될 것으로 예상된다. 상대적으로 미국의 눈치를 덜 보는 국가를 대상으로 민족주의 사상을 고취시키면서 군사 및 경제 협력을 강화하자고 중국이 손을 내밀면 이들 국가들은 군사 및 경제 면에서 미국과 중국의 지원을 경쟁적으로 끌어내기 위해 이러한 상황을 적극 이용하려 들 것이다. 양측의 이해가 맞으면 협력은 급물살을 타게 된다. 이러한 노력은 결국 미국의 지도력에 흠집을 내려는 중국의 의도와 맞아떨어지기 때문에 미국의 영향력이 중국에 의해 서서히 약화될 것이라는 예측이 가능하다.

••• 중국 주도의 신용 평가 회사, 국제기구 설립을 추진할 것

중국은 G2 국가로서의 위상 공고화와 함께 중국 중심의 국제 질서 형성에 많은 노력을 장기적으로 추진할 것으로 예상된다. 이를 위해 이미 설명한 위안화의 국제화 노력은 물론 자체적인 신용 평가 회사 설립, 중국 및 신흥 시장국 주도의 국제기구 설립을 계속 추진할 것이다.

자체 신용 평가 회사가 처음에는 미국의 양대 신용 평가 기관에 대항할 수 없을 것이다. 그러나 중국은 앞으로 중국과 관련한 국제 금융 거래 등에 이들 회사의 신용 평가를 반영하도록 권장 또는 의무화할 수도 있다고 보여진다. 이 경우 이들 신용 평가 회사는 빠르게 성장할 것이고 이를 바탕으로 다시 이들 회사의 사용이 더욱 요구되는 현상이 발생할 수도 있다.

중국 주도의 국제기구도 아직 갈 길이 먼 것은 분명하다. 그러나 중국은 막대한 외환 보유액와 빠르게 커 가는 경제 규모를 바탕으로 이들 국제기구의 위상을 점차 공고히 할 것이다.

중국은 세계 최대의 인적 자원과 외환 보유액, 급속히 커 가는 경제 규모, 세계 최고 수준의 문명 발상지 등을 앞세워 앞으로 중국 중심의 국제 질서 확립 노력을 더욱 거세게 밀어붙일 것이다. 여기서 중요한 것은 과거에는 미국의 주장이 미국의 힘을 바탕으로 국제 사회에서 큰 비판 없이 받아들여졌지만 최근에는 상황이 바뀌어 가고 있다는 것이다. 각국마다 민족주의 사상이 점차 강해지고 경제력이 커지면서 자국의 이익을 극대화하려는 실리적인 움직임이 커지고 있다. 따라서 앞으로 국제 정치 외교에서는 미국과 중국 사이에서 자국의 이익을 추구하는 새로운 민족주의 움직임이 더욱 강해질 것이다. 또한 이는 곧 미국 중심 세계 질서의 약화와 중국 중심 세계 질서의 태동 및 성장을 의미한다고 볼 수 있겠다.

종합 전망

••• 위안화의 기축 통화 야심에 모든 역량을 동원할 것

중국은 대국이다. 국토 면적과 인구 면에서 물론 대국이지만 생각의 범위와 크기 면에서도 대국이다. 위안화의 기축 통화 야심을 달성하는 데 몇 년이 걸릴지 모르지만 중국은 이를 추진할 것이다. 유로화 도입에 약 50년이 걸렸다. 중국은 이보다 더 오랜 기간이 필요하더라도 위안화를 빠르게 국제화시켜 우선 미국 다음의 제2의 국제 통화로 만들 것이다. 그 다음 위안화는 미 달러화와 기축 통화 경쟁에 들어갈 것이다. 물론 이 과정에서 중국이 미 달러화 대신 기축 통화로 사용하자고 주장하는 대안, 예를 들어 SDR이나 페이퍼골드는 위안화를 위한 희생양이다. 중국도 이러한 제안이 비현실적임을 알 것이다. 그러나 SDR이나 페이퍼골드 등이 미 달러화를 대신해야 한다는 주장이 제기되는 사실 자체가 미 달러화의 기축 통화 지위에 흠이 있다는 사실을 국제 사회가 인정하기를 바라는 것이다. 한편으로는 미 달러화의 지위에 결함이 있다는 사실을 부각시킴으로써 미 달러화의 힘을 약화시키고 다른 한편으로는 빠른 국제화를 통해 위안화의 힘을 강화시키면 언젠가는 위안화의 지위가 미 달러화의 지위를 추월할 날이 올 것이다. 오랑캐로 오랑캐를 물리치는 이이제이(以夷制夷) 전략이다.

중국의 경제 규모, 군사력, 세계 최대 외환 보유액 등 중국의 국력 또한 위안화의 국제화 속도를 높이는 데 적극 활용될 것이다. 중국이 세계의 중심이라는 사상은 더욱 강해질 것이고 미국의 주도에 이끌려 가는 것을 받아들이려 하지 않을 것이다.

Chapter 03

일본 엔화, 제4의 통화로 밀려날 것

일본 엔화 위상이 약화될 것

∙∙∙ 일본 엔화, 통화 국제화 경쟁에서 중국 위안화에 밀릴 것

일본과 중국 간 통화 국제화 경쟁에서 일본은 소극적인 반면 중국은 매우 적극적인 양상이 지속될 것이다. 중국이 위안화 국제화에 적극적인 이유는 이미 앞에서 설명하였다. 그런데 일본은 이미 자국 통화인 엔화가 세계 3대 국제 통화이고 미 달러화, 스위스 프랑화와 함께 안전 통화로 분류되고 있다. 국제 사회가 불안정해지거나 세계 경제가 위축될 경우 일본 엔화의 매입 수요가 늘고 엔화가 강세로 가는 경우가 많다. 이런 경우 어떤 때에는 엔화의 강세 폭이 달러화의 강세 폭보다 커서 엔화가 달러보다 더 안전 통화인가 하는 의문이 제기되기도 한다고 이미 설명한 바 있다.

최근 들어 중국의 위안화 국제화 노력이 워낙 드세짐에 따라 일본에서도 변화의 움직임이 보이고 있으나 일본의 엔화는 추가적인 국제화를 달성할 수 있는 분야가 별로 없다. 반면에 중국 위안화는 전 방위적으로 빠른 속도로 국제화가 진행되고 있어 그 격차가 계속 축소되고 있다. 또한 중국이 아시아의 맹주를 넘어 명실상부한 G2 국가로서의 위상을 정립하는 데 위안화의 국제화가 필수라고 생각하고 커 가는 국력을 여기에 쏟고 있다. 중국의 위안화가 엔화는 물론이고 유로화를 넘어 세계의 2대 국제 통화가 될 날이 그리 멀지 않았다. 결국 일본 엔화는 장기적으로 달러화, 위안화, 유로화 다음의 네 번째 통화가 될 것이다.

••• 미국의 지지에도 엔화의 위상 약화는 계속될 것

최근 일본의 아베노믹스 성공 여부 전망에 대하여 부정적 견해가 제기되고 있다. 부정적 견해의 핵심은 엔화 약세에도 불구하고 일본의 무역 수지가 대규모 적자를 기록한 점이다.

이론적으로 보면, 엔화가 충분히 약세로 가면 단기에는 수입이 늘어 무역 수지가 악화되지만 중·장기적으로 수출 물량이 증가하여 무역 수지가 개선될 수 있다. 그런데 일본의 경우 당초 기대와 달리 무역 수지가 개선되지 않고 있다. 그 이유는 첫째, 에너지 수입 증가이다. 일본 대지진 이후 원전의 전력 생산 감소를 대체하기 위해 에너지 수입이 증가하였고 엔화 약세로 수입 비용은 더욱 증가하였을 것이다. 둘째는 엔화 약세로 일본 제품의 가격 경쟁력이 개선되었으나 수출이 늘지 않는다는 것이다. 일본 제조업의 해외 생산 증가가 그 이유라는 설명이 유력하다.

당초 아베노믹스가 도입될 때 미국이 이를 지원한 것은 아베노믹스로 인해 발생하는 무역 수지 흑자로 미국의 국채를 매입할 것으로 기대했기 때문이라는 것이 필자의 생각이다. 그럼으로써 중국이 세계 최대의 외환 보유액과 미 국채 보유로 인해 미국에 대해 갖는 영향력을 완화시킬 수 있기 때문이다. 그런데 일본이 아베노믹스 도입 후에도 무역 수지 적자가 계속되면 미국의 국채를 중국을 대신해 매입하기 어렵고 미국이 기대하던 중국의 영향력 완화도 기대하기 어렵다.

그러면 미국은 향후 일본의 아베노믹스를 계속 지지할 것인가? 미국이 원하는 것은 중국의 영향력 약화이다. 그러기 위해서는 중국에 대항할 다른 나라의 힘이 커져야 한다. 미국과 일본은 중국의 G2 위상 자체를 받아들이기 싫은 나라이기 때문에 이러한 점에서 양국은 이해가 일치한다. 일본의 아베노믹스가 본래의 효과를 내지 못하는 상황은 미국으로 하여금 일본을 더욱 강하게 지원하도록 하는 요인이 될 수 있다. 따라서 미국의 강력한 지원이 계속되는 한 아베노믹스는 계속 추진될 것으로 생각된다. 그러나 미국의 지원으로 아베노믹스가 계속 추진되더라도 이는 엔화 환율의 약세 요인으로 될 수 있겠으나 이로 인해 이미 세계 제

3의 국제 통화인 엔화의 국제적 위상이 추가적으로 강화되는 효과는 미미할 것이다.

여타 분야도 엔화 위상 저하 요인

••• 중국과의 경제 규모 격차 확대 예상

앞으로 일본과 중국 간 아시아의 맹주 경쟁은 더욱 거세질 것이다. 이 경쟁은 경제 규모, 군사력, 통화 국제화, 국제적 위상 제고 등 전 분야에 거쳐 진행될 것이다.

우선 경제 규모 경쟁에서는 일본이 불리하다. 중국의 상대적 고성장으로 중국과 일본 간의 성장률 격차가 지속될 것으로 예상되기 때문이다. 중국이 국내 총생산(GDP) 규모는 물론 상품 무역 규모 면에서도 일본을 추월했고 격차는 커질 가능성이 높다.

또한 최근 중국이 미국에서 제조업 생산을 늘리고 미국 내 고용 창출도 급증하고 있다. 이는 중국 기업들이 미국의 고용주가 된다는 것을 의미한다. 국제적 리서치 기관인 로디엄그룹(Rhodium Group)에 따르면 2013년 중 중국이 미국에 대한 직접 투자를 늘리면서 창출한 정규직 일자리가 약 7만 개로 2007년의

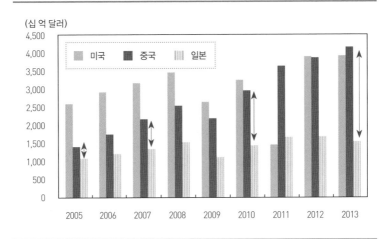

(십 억 달러)

자료: 세계무역기구(WTO)

약 9,000개에 비해 7배 가까이 늘어난 것으로 추산되었다.[19] 이는 다시 말해 미국 입장에서 중국이 마음에 들지 않는 부분이 있다 하더라도 그 점에 대해 거세게 반발하기 어려운 요인이 하나 더 늘어나는 것으로 볼 수 있다. 중국이 미국에 대해 갖는 영향력의 근원으로서 세계 최대의 외환 보유액, 세계 최대의 미 국채 보유 외에 미국 고용주로서의 위상이 추가된다는 의미이다. 일본의 중국과의 경쟁이 점점 더 어려워질 것으로 예상된다.

---

19 Thilo Hanemann and Cassie Gao, 〈Chinese FDI in the US: 2013 Recap and 2014 Outlook〉, Rhodium Group, 2014.1.7.

••• 중국의 군사력 팽창을 따라잡는 것은 불가능

군사력 면에서의 일본과 중국 간의 경쟁은 일본이 중국보다 더 제약이 많다. 제2차 세계대전 패전국으로서의 제약이 많기 때문이다. 일본은 이러한 제약을 미군의 일본 주둔, 선진국으로서의 발달한 첨단 기술을 이용한 첨단 무기 개발로 만회하려고 노력할 것이다. 중요한 점은 이 군사력 분야에서도 미국이 중국의 군사력 팽창을 견제하기 위해 일본을 활용할 가능성이 높다는 것이다. 일본에 미국의 첨단 무기가 계속 배치될 것이고 일본은 이를 자체 첨단 무기 개발에 도움이 되도록 활용할 수 있다. 또한 일본은 기초 과학이 발달했기 때문에 언제든 핵무기와 첨단 무기를 개발할 잠재력을 이미 보유하고 있다는 것이 국제 사회의 일반적인 평가이다. 그러나 자체 군사력의 절대적 측면에서 일본이 중국을 추월하기는 어려울 것이다.

••• 중국과의 국제적 위상 제고 경쟁, 경제력과 외환 보유액 등에서 불리

일본과 중국 간의 국제적 위상 제고 경쟁은 갈수록 치열해질 것이다. 우선 아시아의 맹주 경쟁에서 아세안 국가들을 중심으로 한 아시아 국가들을 자기편으로 끌어들이려는 경쟁이 더욱 거세질 것이다. 그런데 여기서 일본의 불리한 면이 두 가지 눈에 띈다.

184

첫째는 중국이 고성장에 바탕을 둔 막대한 외환 보유액 등 풍부한 자본을 바탕으로 장기적으로 아시아 국가들에 대해 접근하고 있는 반면, 일본은 이러한 면에서 인색하다. 오히려 이들 국가들에서 자국의 시장을 잠식하여 지배하고 막대한 이익을 회수해 간다는 부정적인 인식이 있다. 중국이 장기적인 플랜을 갖고 눈에 띄지 않게 서서히 사람과 시장을 확보해 가는 전략이 결국 이들 국가들에서 일본의 영향력을 서서히 중국 것으로 바꾸어 나갈 것이다.

둘째는 일본과 중국이 세력 확장에 경합하고 있는 아시아 국가들은 경제 면에서 화교의 영향력이 큰 지역이다. 경제는 결국 정치와 연관되어 있기 때문에 이들 화교의 영향력과 중국의 장기적인 아시아 우호 전략이 맞물리면 시너지 효과를 기대할 수 있다. 게다가 중국과 아시아 국가들은 태평양 전쟁 때 일본의 침략에 의한 피해를 같이 본 국가들이다. 중국은 이 점 또한 아시아 국가들을 중국 편으로 융화시키는 데 이용할 것이다.

••• 미·일 협력 강화로 중국과의 격차 확대를 다소 완화시킬 수 있을 것

일본은 아시아의 대표적인 선진국으로서 한때 세계에서 미국 다음의 경제 대국이었다. 또한 자동차, 전자 등 첨단 산업의 대표 주자로서 자부심이 강했던 국가다. 그런데 최근에는 약 20년 동안 경제가 기를 펴지 못한 채 그 화려했던 위상을 중국에 넘겨주고 있다. 일본이 다시 위상을 회복하기 위해서는 반드시 중국을 넘어야 한다. 그러기 위해 일본은 미국의 지원이 절대적으로 필요하다. 일본은 국제 통화를 가진 선진국이기 때문에 일본의 경제 정책은 즉각적으로 세계 금융 시장에 영향을 미친다. 따라서 일본의 정책에 대해 신흥 시장국 및 여타 선진국들이 일본의 이익을 위해 국제 사회에 부정적 영향을 미치는 정책이라고 비난할 수 있다. 아베노믹스가 도입되는 초기에 그러한 양상이 있었다. 그런데 이 경우에도 미국의 지지를 받으면 이러한 국제 사회의 비난을 모면할 수 있다. 일본이 미국과 더욱 가까워질 수밖에 없다는 것이다. 중요한 점은 미국도 자국 대신 중국을 견제해 줄 국가로 일본이 최적이라는 것이다. 양국 간의 정치·경제적 협력이 더욱 긴밀해질 것이라는 예측이 가능하다.

이 점은 군사력 면에서도 유사하다. 중국과 영토 분쟁이 진행되고 있는 일본은 중국의 군사력 증강이 달갑지 않다. 그러나 일본은 외형상 공식적으로 군사력 증강을 자랑할 입장이 되지 못한다. 미국의 이름으로 일본 내에 중국을 견제할 군사력이 있다면 실질적인 군사력 증강을 저비용으로 실현할 수 있다. 미국 또한 중국의 군사력이 태평양을 넘어 진출하는 것을 막기 위해서는 일본에 미국의 군사력이 위치해야 한다. 상호 이해가 맞아떨어지는 것이다. 이러한 미국과 일본의 협력 강화로 중국과의 격차가 확대되는 속도는 일부 완화시킬 수는 있을 것이다.

종합 전망

••• 아베노믹스를 통해 중국 추월을 막지는 못할 것

일본은 현재 미국의 지지하에 추진하고 있는 아베노믹스를 계속 추진할 것이다. 이를 통해 우선 대내적으로는 디플레이션을 탈피하고 경제 회복을 기대할 수 있다. 또한 아베노믹스로 수출 경쟁력이 회복되어 경상 수지 흑자가 확대되면 이를 통해 미 국채 매입을 늘림으로써 미·일 관계를 계속 공고히 할 수 있다. 이렇게 미국의 지지하에 국제적 위상을 회복함으로써 중국과의 아시아 맹주 경쟁 및 세계 제2의 경제 대국 지위의 회복을 기대할 수 있다.

이는 또한 일본 엔화의 지위를 유지하는 데에도 큰 힘이 될 것이다. 문제는 아베노믹스가 당초 기대한 효과를 이끌어 내지 못할 가능성이 크다는 데 있다. 중국의 추월을 막아 내지는 못할 것이다.

••• 중국 견제 위해 미국과의 협력 강화 예상

일본은 향후 정치, 경제는 물론 국제 금융 시장의 영향력 면에서도 중국에 밀리게 될 것이다. 일본이 크게 기대를 걸고 있는 아베노믹스의 성공 여부가 불확실한 상황에서 아시아의 맹주 위상은 물론 다른 국제적 위상에서도 중국의 약진이 두드러진다.

중국의 고성장이 당분간 지속될 것이고 이를 바탕으로 한 외환 보유액 및 미 국채 보유 증가는 중국이 국제 금융 시장에서 달러화를 기축 통화로 보유한 미국 다음으로 발언권이 크다는 점을 입증한다.

일본이 이를 극복하려면 미국의 도움이 절실하다. 그런데 미국도 중국이 G2를 넘어 결국은 미국에 도전장을 내밀 것이라는 점을 알고 있는 상황에서 일본의 협력이 필요하다. 앞으로 미국과 일본 간에 전 방위적인 협력 강화가 예상되는 대목이다.

Chapter 04

유로화, 제3의 국제 통화로 밀려날 것

유로화 위상 약화 예상

• • • 유로화, 중국 위안화에 밀려나 제3의 국제 통화 예상

유로화는 제2의 국제 통화 지위를 상당 기간 유지하다가 결국은 위안화에 그 자리를 내줄 것으로 예상된다. 유로화의 위상은 정체된 반면 위안화의 위상은 빠른 상승세를 보이기 때문이다. 비록 단기간에 가능하지는 않겠지만 장기적인 안목에서 보면 위안화가 유로화에 앞서는 제2의 국제 통화가 될 것을 예상할 수 있다.

관건은, 과연 어느 정도의 시간이 지난 후에 두 통화 간에 역전이 이루어지는가 하는 것이다. 중국이 위안화의 국제화를 위해 전방위적으로 노력을 기울이고 있으나 국제 거래 관행은 오랜 기간에 걸쳐 형성되는 것으로 쉽게 바꾸기가 어렵다. 또한 위안화가 아시아를 중심으로 그 사용이 빠르게 증가하고 있으나 아직은 지역에서 통용되는 부분적인 국제 통화 수준이라고 볼 수 있다.

다만 하나의 변수는 있다. 미국이 달러화의 기축 통화 지위를 이용해 국제 금융 시장에서 독점적인 주도권을 행사하는 데에 대해 최근 영국 및 다른 유럽 국가들이 반발하는 경우가 발생하고 있다. 앞으로 각국의 민족주의 사상이 확산되면서 이러한 반발이 거세지고 빈도도 잦아질 것이다. 결국 달러화 사용을 줄이려는 움직임이 커지고 위안화는 그 반사 이익을 얻을 것이다. 이 경우 파운드화나 유로화와 중국의 위안화 간 통화 스와프 확대, 양 지역 간 교역 시 달러화를 배제한 해당 통화 사용이 증가할 것이다. 비록 위안화가 국제 통화로서의 기능을 다하기 위한 조건을 구비하는 데 시간은 필요하겠으나 중국은 이를 장기적으로 꾸준히 노력해 나갈 것이다. 이를테면, 위안화 환율의 안정성 제고, 국제적 청산 및 결제 시스템의 구비, 위안화가 달러화와 동등한 국제 통화라는 인식의 국제적 확산 등이다.

결국 유럽 국가들은 달러화의 독점적 기축 통화 지위에 반대하여 중국과 협력하겠지만 그 결과 중국 위안화의 국제화 속도가 파운드화나 유로화에 비해 상대적으로 빨라서 제2의 국제 통화 지위는 중국 위안화에 내줄 것이다.

••• 불완전한 정치적 통합은 유로화의 위상 약화 요인

유로 지역은 불완전한 통합의 한계를 극복할 수 없기 때문에

190

유럽이 미국과 중국의 G2에 맞서는 것은 불가능하다.

» 영국 없는 유로화는 완전한 유럽의 통화가 아니다

영국은 유럽 연합에 가입하였으나 유로화를 자국 통화로 사용하지 않고 있다. 앞으로도 영국이 파운드화를 포기하고 유로화를 자국 통화로 사용할 가능성은 크지 않다. 그 이유는 무엇인가? 영국은 파운드화를 기축 통화로 세계를 이끌어 가던 대영 제국(The Great Britain)이다. 지금도 캐나다, 호주 등 영연방 국가들의 국가원수는 영국 여왕이고 그들의 여권 첫 장에는 영국 여왕의 사진이 있다. 또한 지금도 세계 금융의 중심지로서 런던의 위상은 뉴욕과 함께 쌍벽을 이루고 있다.

이러한 영국이 파운드화를 버리고 유로화를 자국 통화로 사용하면서 독일과 프랑스의 리더십을 받아들이려고 하겠는가? 영국의 국민들이 이를 받아들일 수 없을 것이다. 따라서 현재의 유럽연합은 영국이 유로화를 사용하지 않기 때문에 경제적으로 실질적 통합이 되었다고 볼 수 없다.

또한 최근 달러화 기축 통화에 기초한 미국의 리더십에 대해 반발 심리가 발생하고 있어 향후 유로화, 파운드화, 위안화 등이 달러화 이외 통화라는 공통점으로 연계하여 사용 확대를 추진할 가능성이 있다. 최근 영국이 런던에 위안화 허브 구축을 위해 적극 나서고 있는 것이 한 예이다.

이 경우 영국과 유로 지역이 달러화의 사용 축소라는 점에서 공동 노력을 할 수 있으나 이 경우에도 달러화의 사용 축소분을 영국은 파운드화, 유로 지역은 유로화의 사용 증대 전략으로 대립할 가능성이 있다. 영국이 유로 지역에 합류하는 데에는 도움이 되지 않을 것이다.

[참고]

런던의 위안화 허브 기능 강화 및 중국 은행의 영국 지점 설립 허용

영국과 중국은 2014년 10월 15일 제5차 '경제 금융 대화(UK-Chinese Economic and Financial Dialogue)' 결과로 1) 런던에 위안화 적격 외국인기관투자자 투자 한도 배정 2) 중국 은행의 영국 내 지점 설립 허용 등에 합의하였다.

이에 따라 중국은 런던에 그레이터 차이나(Greater China) 이외 지역에서는 최초로 위안화 적격외국인기관투자자(RQFII) 투자 한도를 1차로 800억 위안 배정하였으며, 영국은 중국에 중국 은행들이 영국에 기존의 현지 법인이 아닌 지점 형태로 진출할 수 있도록 조치해 주었다.

영국은 이 조치로 위안화 허브로서의 역할을 강화하여 중국의 대영국 투자 및 대중국 투자 자금의 영국 금융 기관 유입 확대를 유도함으로써 국제 금융 센터로서 런던의 위상 제고를 기대하고 있다. 중국도 이 조치로 역외 위안화 시장 활성화, 중국 금융 시장의 다층화 및 중국 은행들의 지점 영업을 통한 해외 사업 확대 등을 기대하고 있다.

이 합의로 중국과 영국의 관계는 더욱 돈독해진 것으로 평가되고 있다. 이미 양국은 영란은행과 중국인민은행 간 스와프 라인 구축(2013년 2월 22일), 중국의 대규모 영국 투자로 관계가 가까워졌다는 평가를 들은 터였다.

이렇게 중국과 영국의 관계가 돈독해진 것은, 영국의 적극적인 제스처 때문이다. 이번 합의와는 별도로 영국은 중국인에 대한 영국 비자 조건 완화 및 파운드화-위안화 직접 결제 등을 약속하고 캐머런 총리는 금년 중 중국 방문을 계획하고 있다. 또한 영국은 중국의 자금을 유치하여 물류·쇼핑·비즈니스 파크 건설 및 원자력 발전소 투자 등 건설 프로젝트를 추진하고 있다.

자료: 한국은행 런던·북경 사무소 현지 정보(2013.10.15)

》 독일과 프랑스 간 마찰적 주도권 경쟁도 유로화 위상 약화 요인

현재 유럽 연합의 한계로 영국이 유로화를 사용하지 않는 점 외에도 독일과 프랑스의 주도권 경쟁을 빼놓을 수 없다. 영원히 합칠 수 없는 두 나라가 현재 유로화를 사용하는 지역의 지배 구조를 양분하고 있다. 그런데 두 나라는 언어, 민족, 경제 구조, 주력 산업 모든 면에서 다르다. 중요한 정책을 결정하는 순간에 두 나라의 이해관계가 다른 경우가 많다.

최근 유럽중앙은행(ECB)이 검토 중인 양적 완화 방안에 대해서도 견해가 엇갈린다. 경제 상황이 좋지 않은 프랑스는 더욱 적극적인 양적 완화를 지지하는 반면, 독일은 긴축 정책을 주장하고 있다.

[참고]

ECB의 완화 조치에 대한 독일의 입장

ECB가 2014년 중 낮은 인플레이션 지속 및 경기 둔화 우려 확대 등으로 다양한 방식의 통화 정책 완화 조치를 실시한 것에 대하여 독일의 불만이 큰 상황인 것으로 알려졌다.

그 원인은 우선, 독일의 경기 회복세가 견조하기 때문에 여타 유로 국가의 경기 회복을 위해 실시되는 ECB의 통화 정책이 독일의 입장에서는 지나치게 완화적이기 때문이다. 또한, 독일 국민들은 저축 성향이 높으므로 금융 자산 보유 비중이 높은 편인데 ECB가 저금리를 지속할 경우 이자 수입이 감소하기 때문이다.

이에 따라 독일의 일부 인사들이 ECB의 완화적 통화 정책에 대해 "글로벌 금융 위기의 단초를 제공한 그린스펀(Greenspan) 전 미 연준 의장의 완화적인 통화 정책을 추종하고 있다"며 노골적으로 비판하는 등 목소리를 높이고 있다. 특히 2014년 9월 4일에 있었던 ECB의 정책 금리 인하(0.15%→0.05%) 등 추가 완화 조치와 관련하여 독일연방은행 총재가 반대 의사를 표명한 것으로 알려지면서 통화 정책과 관련한 논란이 확대되고 있다.

자료: 한국은행 프랑크푸르트 사무소 현지 정보(2014.6.12, 2014.9.4)

유로 지역에 대한 중요한 정책을 결정할 때 독일과 프랑스 간의 이러한 이해 상충은 강력한 정책의 추진에 제약 요인으로 작용한다.

이 점을 좀 더 확대해 보면 회원국들 간에 경제적 능력이 다른 상황에서 동일한 통화를 사용함에 따라 발생하는 형평성의 문제가 앞으로도 지속될 것이다. 예를 들어 독일이 마르크화 대신 유로화를 사용한 후 무역 수지 흑자가 누적되고 그리스는 드라크마 대신 유로화를 사용한 이후 무역 수지 적자가 계속되는 현상이 해결될 것 같지 않다. 학자들은 이 문제를 해결하기 위해서는 그리스 같이 개발이 늦어진 국가들이 독일처럼 제조업 중심으로 경제 구조를 개선해야 한다고 주장한다. 이론상으로는 가능하지만 현실적으로 가능한 일인가 반문하고 싶다.

종합 전망

• • • 유로화 한계 지속: 파운드화 고수, 행정적 통합 불가능

향후 유럽은 영국이 유로화를 자국 통화로 사용하지 않는 상태에서 독일과 프랑스 간 유로 지역의 지배 구조 경쟁이 계속될 것이다. 여기에 국가 단위의 정치적, 행정적 통합이 없기 때문에 유로 지역 회원국 간 재정 흑자국에서 재정 적자국으로 재정 이전이 원활하지 못한 한계도 해결되지 못하고 있다. 그런데 이들 한계는 해결될 가능성이 낮다.

이러한 한계가 유로화의 위상에도 직간접적으로 영향을 미친다. 따라서 앞으로 유로화는 빠르게 성장하는 위안화와의 격차가 점차 줄어들고 결국은 위안화에 이어 제3의 국제 통화로 밀려나게 될 것이다.

또한 유로 지역 국가들 간의 산업 구조 차이, 경제력 차이가 구조적으로 좁혀지기 어렵기 때문에, 독일을 중심으로 한 제조업 발달 국가와 비제조업 국가 간 화합이 어려운 상황이 지속될 것이다. 따라서 유럽은 불완전한 정치·경제적 통합이 유지되면서 국제적 위상도 점차 약화될 것이다.

Chapter 05

우리의 대응 방향

G2 체제에의 대응

• • • G2 체제하 다극화에 대응

앞으로 세계 질서는 미국과 중국의 주도권 경쟁하에 부분적으로 점진적인 다극화 양상이 전개될 것이다. 미국은 유럽, 일본 및 우리나라 등 기존의 우방과의 협력을 통해 기존의 영향력을 잃지 않으려고 할 것이다. 반면 중국은 아세안, 인도 등 아시아 국가들은 물론 최근 위안화의 국제화와 관련된 국가들과 유대 강화를 강력히 추진할 것이다. 따라서 앞으로 필요에 따라서는 G2를 단순히 미국과 중국의 두 나라로 보기보다는 미국을 중심으로 한 국가 블록과 중국을 중심으로 한 국가 블록의 양대 블록으로 이해할 필요도 있다.

그런데 우리나라는 이 양대 블록의 어느 하나도 무시할 수 없는 입장이다. 우선 미국과의 군사 및 경제적 협력은 우리의 생존에 필수적이다. 또한 최근에는 중국 시장의 확대로 중국에 대한 수출 없이는 우리 경제의 활력을 보장할 수 없다. 따라서 우리가 살 길은 균형의 추구이다. 기존의 미국과의 정치·경제적 협력 관계는 유지되어야 한다. 하지만 중국과의 협력도 증진되어야 한다. 중요한 것은 우리나라가 미국 또는 중국과 협력을 증진시킬 때 이것이 모두에게 도움이 된다는 점을 이해시킬 필요가 있다. 이는 한쪽으로 지나치게 기우는 것으로 오인받지 않도록 논리를 바탕으로 정치·외교적인 이해와 설득의 노력이 병행되어야 한다.

··· 상생의 원리를 통한 미국과 중국 간 균형 전략 필요

미국 및 중국과 협력을 증진함에 있어 중요한 점은 우리나라가 어느 한 나라와의 협력을 증진하는 것이 다른 한 나라에도 도움이 된다는 상생의 원리를 이용하는 것이다.

일본이 아베노믹스를 도입하였을 때 국제적으로 많은 비판을 받았다. 국제 통화인 엔화의 공급을 무제한 늘리는 것은 엔화의 가치 하락 가능성을 알고 하는 것이므로 이는 엔화 절하를 통한 수출 경쟁력 제고 전략이라는 것이 비판의 요지였다.

이에 대해 일본은 다음과 같이 반박했다. 디플레이션을 탈피하기 위해 통화 공급을 확대했을 뿐 엔화 약세를 위해 외환 시장에서 엔화를 팔고 미 달러화를 사는 외환 시장 개입을 하지 않았다. 다만, 엔화의 통화 공급 확대 결과 엔화 가치가 하락할 수 있으나 이는 부수적인 효과일 뿐이다. 또한 그 결과 일본의 수출 증가 및 경제 회복으로 다른 나라로부터의 수입이 늘어나서 결국은 세계 경제 회복에 도움이 된다.

세계 경제 대국의 하나인 일본의 경제 회복을 통해 세계 경제가 회복되면 모든 나라가 좋아진다는 상생의 논리를 제시한 것이다. 그리고 물밑으로는 일본의 엔화 약세로 무역 수지 흑자가 늘어나면 미 국채를 매입해서 미 국채의 중국 의존도를 줄일 수 있다는 상생 논리로 미국을 자기편으로 끌어들였다.

••• 양국의 전략을 예측하고 사전에 대응해야

앞으로도 세계 질서를 미국과 중국이 주도하여 끌고 나갈 것이라는 데에는 변함이 없다. 따라서 우리는 이들 두 강대국이 어떠한 방향으로 세계 질서를 유도할지에 대해 정확히 예측하고 이에 대한 대응 전략을 미리 세워야 한다.

이들 국가들은 자기 국가가 제일이며 자국의 이익이 가장 중요하다는 생각이 강한 국가들이다. 앞으로 세계 질서를 논할 때 자국의 이익에 유리한 방향으로 논의를 이끌어 갈 것이다. 따라서 이들 국가의 국익과 우리의 국익이 일치하는 방향에서 공통점을 찾아 논의에 접근할 필요가 있다. 또한 외견상 이들 국가들의 국익과 우리의 국익이 상충하는 것처럼 보이더라도 세계 경제는 서로 얽히어 상호 영향을 미치므로 양자 간에 서로 유익할 수 있다는 일치점을 찾을 수 있을 것이다.

주의할 점은 이들 미국과 중국은 자기들만이 대국이며 다른 나라와 다르다는 생각을 갖고 있다는 것이다. 미국은 자기들이 군사적으로는 세계의 경찰국가이고 경제적으로는 세계의 중앙은행 역할을 사실상 하고 있다고 생각한다. 중국은 중국대로 세계 최대의 인구와 외환 보유액, 그리고 미 국채를 보유한 대국이며 머지않아 고성장으로 곧 미국을 여러 면에서 따라잡는다고 생각하고 있다. 이러한 생각을 잘 읽고 향후 이들 국가들과의 정치·경제적 협상을 진행해야 할 것이다.

우리나라의 선진국 만들기 전략

··· 원화의 국제화를 통한 통화의 선진국 대열 합류

우리나라가 앞으로 국제 질서의 논의에 주도적으로 참여하고 우리나라에 유리한 방향으로 국제 질서를 이끌어 가기 위해서는 명실상부한 선진국 대열에 합류해야 한다. 그런데 그 선진국들의 공통적인 특성은 국제 통화를 자국 통화로 갖고 있다는 점이다. 따라서 우리나라가 진정한 선진국이 되기 위해서는 원화의 국제화를 빠르게 달성해야 한다.

원화가 완전히 국제화되면 국제 금융 시장에서 우리 원화가 언제든지 달러화와 교환될 수 있다는 것을 의미한다. 물론 국제 금융 시장이 불안정하거나 우리나라의 신용도가 하락하는 경우 국제 금융 시장에서 교환되는 원화의 가치가 하락할 수 있다. 어쨌든 원화가 국제 금융 시장에서 교환될 수 있다는 점이 중요하다. 우리에게 주는 이익이 너무 크기 때문이다. 가장 대표적인 것이 외환 보유액을 덜 쌓아도 된다는 점이다. 외환 보유액은 위기 때를 대비하여 외환 당국이 보유하고 있는 국제 통화를 말한다. 그런데 우리나라 원화가 국제 통화이면 우리 원화로 외화를 언제든 살 수 있는 만큼 외환 보유액을 덜 쌓아도 된다.

미국은 기축 통화인 달러화가 자국 통화이기 때문에 필요하면 언제든지 달러화를 발행해서 대외 지급을 할 수 있다. 외환 보유액이 필요 없다.

••• 양국 의존형 경제 구조 개선

우리나라가 선진국이 되기 위해서는 현재 미국과 중국의 양국에 지나치게 의존하고 있는 경제 구조를 개선해야 한다. 그렇지 않으면 우리나라는 양국에 대한 수출에 우리 경제의 사활을 걸어야 한다. 이는 곧 양국의 경제 정책으로부터 우리가 자유로울 수 없음을 의미한다. 따라서 양국이 경제에 대한 영향력을 기저에 깔고 정치·외교적 협력을 요청할 경우 이를 순수한 우리 국익 차

우리나라의 미국 및 중국에 대한 경상 수지 구조 (단위: 억 달러, %)

구분		2000년	2013년	2000~2013년 연평균
경상 수지		113(108.4)	903(113.0)	321(148.7)
	상품 수지	158(100.8)	877(108.9)	361(110.0)
	수출	539(31.8)	2,213(35.9)	1,200(33.6)
	수입	381(24.8)	1,336(24.9)	839(25.9)

( )는 총 경상 수지, 상품 수지, 수출, 수입 대비 비중
자료: 한국은행

원에서 자유로이 결정하기가 어려울 수도 있을 것이다.

그 방안으로는 우선 우리의 수출 대상을 다변화해야 한다. 이 또한 정치·외교적인 노력이 병행되어야 결실을 맺을 수 있다. 경제를 단순히 경제 현상으로만 볼 수 없는 대목이다. 수출 대상의 다변화를 통해 양국의 경제가 부진한 경우에도 다른 곳에서 수출 증대 노력을 할 수 있다.

수출 다변화 대상으로 우선 인도, 인도네시아 등 인구와 경제 규모가 큰 아시아 국가와 아세안 국가들을 주목할 필요가 있다. 이들 국가들은 우리와 같은 아시아 국가라는 공통점이 있다. 또한 아세안 국가들과는 1997년 동아시아 외환 위기 이후 위기 예방 및 위기 시 상호 금융 지원 협약을 맺었다. 따라서 이들 국가와는 상호 교역 증진 협력을 하기가 용이할 것이다. 그 다음으로 아프리카 국가와의 교역 증진 노력을 기울여야 한다. 이들 아프리

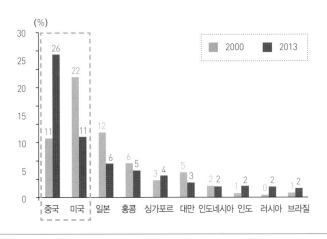

* 수출 상위 10개국 기준
** 관세청과 한국은행의 수출 집계 방식의 차이로 중국과 미국을 합친 비중이 좌측 표와 일치하지는 않음

자료: 관세청

카 국가들은 인구가 많고 지하자원이 풍부하지만 아직 경제 개발
은 더딘 지역이다. 따라서 당분간 경제 개발을 위해 성장 우선 전
략을 추구할 가능성이 높다. 우리의 고도성장 전략을 전수하면서
이들 국가들에 대해 우리 상품의 시장 점유율을 높이고 이들의
자원을 유리한 조건으로 확보하려는 노력이 필요하다. 장기적인
안목에서 고객을 확보하려는 전략을 써야 할 것이다. 필요하다면
이들 국가들에 대한 정부 차원의 공적 원조를 과감히 확대하면서
장기적으로 이들의 시장 점유율을 높이려는 전략이 필요하다.

현재 우리나라는 일부 대기업의 수출과 성과에 지나치게 의존적인 경제 구조를 갖고 있다. 그런데 수출이란 수입하는 국가의 경제 상황이나 정책에 크게 영향을 받는다. 만일 이들 기업의 제품을 수입하는 국가의 경제가 위축되거나 다른 이유 등으로 수입 수요가 갑자기 줄어들면 우리 경제에 타격이 클 것이다. 또한 환율 등 국제 금융 여건이 악화되어 이들 기업 제품의 수출이 부진하게 될 경우에도 그 충격이 클 것이다. 이러한 점을 확인해 보기 위해 필자는 우리나라에서 시가 총액 비중이 높은 8개 회사[20]와 이를 제외한 기업들의 주가 지수를 2007년 1월 2일을 기준으로 산출해 보았다. 그 결과 2009년 이후 기업 간 격차가 점차 심화되고 있는 것으로 나타났다.

이러한 문제를 해결하기 위해서는 이들 일부 기업에 지나치게 의존적인 현재의 경제 구조를 개선하기 위한 노력이 필요하다. 기업별로 전문 분야에 대한 전문성을 높이고 이를 바탕으로 비가격 부문의 국제 경쟁력을 높여야 한다. 또한 기초 과학을 중심으로 한 원천 기술을 바탕으로 기업의 경쟁력을 키워야 한다. 원천 기술이 바탕이 되면 중소기업도 해외 시장에서 외국 기업과 경쟁

---

20 삼성전자, 현대자동차, 기아자동차, LG화학, 포스코, 현대모비스, 신한금융지주, 한국전력

100=2007년 1월 2일

할 수 있다. 그리하여 일부 수입처의 수요 감소나 환율 등 외부 가격 경쟁력 분야의 여건 악화를 극복해야 한다.

••• 한글을 국제화하여 언어의 선진국에 도달해야

선진국의 특징 중 국제 통화 보유 외에 대표적인 것이 자국의 언어가 국제 언어라는 점이다. 영어, 독어, 불어, 스페인어, 일어가 대표적이다. 이들 국가들은 자국 언어의 국제적 사용 확대를 위해 많은 투자를 한다. 그 나라의 언어를 사용하게 되면 그 나라의 문화와 역사 그리고 정치와 철학에 보다 친근감을 갖게 되기 때문이다.

이제 우리나라가 선진국의 문턱에 진입했는데 세계적으로 우리 한글을 국제 언어로 인식하고 배우려는 국제적인 노력은 다른 선진국 언어에 비해 많이 부족하다.

국가적 차원에서 우리 한글을 전 세계 국가에서 널리 배우려는 동기가 생기도록 정책을 펼쳐야 한다. 우선 우리나라에 이주 또는 취업을 희망하는 외국인들에게 우리말 교육을 적극 실시해야 한다. 우리나라 대학 등 어학연수 기관의 기능을 확충함은 물론 외국에 우리나라 어학 교육 시설을 확대해야 한다. 또한 우리나라 기업이 해외에 설립한 법인이나 공장에 취업하는 외국인에게 우리나라 언어로 소통하도록 유인해야 한다. 이와 더불어 국내 대학과 외국 대학 간에 상호 언어 교류 협약을 통해 외국의 유수 대학에 우리 한글 과목 개설을 늘려 나가야 할 것이다.

프랑스가 불어 사용 인구 감소를 막기 위해 취한 포용 정책을 음미해 볼 필요가 있다. 프랑스는 외국인이라 하더라도 프랑스에서 태어난 사람에 대해 차별 없이 프랑스 국적을 취득할 수 있도록 하였다. 또한 이들이 불어를 사용하는 국립 학교에서 공부하는 경우 박사 과정까지 학비가 없다. 외국인이 유학하는 경우에도 불어를 사용하는 국립 학교에서는 학비가 없으며 주거비의 일부를 정부가 보조금으로 지원해 준다. 그뿐만 아니라 외국인이 프랑스에서 자녀를 출산하는 경우 부모 양측이 외국인이라도 자녀 수에 따라 누진적으로 양육비를 올려 지급한다. 그 아이들은 프랑스에서 태어나면 불어를 모국어로 사용하고 프랑스 문화에 익숙해진다. 이 아이들이 나중에 프랑스 국적을 취득하든 안 하든 이들로 인해 프랑스는 불어 사용 인구를 늘리고 프랑스 내 출산율을 높인다. 그리고 가장 중요한 점은 이들이 나중에 세계 어느 나라에 살더라도 친프랑스 사람이 되는 것이다.

••• 교육 개혁을 통해 교육의 선진화를 달성해야

선진국이 되기 위해 우리나라 교육 제도의 개선이 필요하다. 지금 우리나라에는 4년제 종합 대학이 200개가 넘는다. 그리고 고교생의 대학 진학률이 세계 최고 수준이라고 자랑한다. 과연 자랑할 일인가?

대졸자에게 제공되는 일자리에 비해 대학 수와 대학 정원이 너무 많은 불균형이 존재한다. 이에 따라 고학력 실업자가 양산되고 대학은 취업률 경쟁에 내몰린다.

여기서 고학력 실업자에 관해 한 가지 짚어 볼 사안이 있다. 4년제 대학을 졸업한 고학력자가 기업이 필요로 하는 실무 능력을 갖추지 못한다면 무슨 의미가 있겠는가? 어느 중소기업 대표에 따르면 기업이 이들을 채용해서 대졸자로서 고임금을 주고 2~3년을 가르쳐야 생산 현장에서 기여할 수 있다고 한다.

대학은 또한 본연의 연구 기능과 기초 과학 면에서 우리가 선진국의 주요 대학에 뒤쳐진다. 인구 비례로 볼 때 우리나라가 미국에 가장 많은 유학생을 보내고 있다고 한다. 그들의 학비, 생활비는 많은 부분 우리나라의 소득이 미국으로 이전되는 것이다. 국부 유출 아닌가? 또한 그렇게 우리나라 돈으로 미국 등 선진국에서 공부한 우리나라의 우수한 두뇌가 우리나라에 복귀하는 비율이 높지 않다. 경제적인 부의 유출과 함께 우리의 두뇌 유출이 일어나게 하는 현재의 우리 교육 제도를 개선해야 한다.

필자가 생각하는 대안은 우리나라의 대학을 학문과 이론 연구 중심 대학과 실무 지식 교육 위주 대학으로 구분하여 육성하는 것이다. 현재 200개가 넘는 4년제 종합 대학을 스스로 자신 있는 분야로 특화해서 경쟁력을 높여야 한다.

유럽의 명품을 예를 들어 살펴보자. 스위스의 시계, 독일의 자동차, 프랑스의 핸드백과 화장품, 이탈리아 베네치아의 유리 공예 등 이런 상품들이 일류 대학 석·박사의 손에서 나오는 것이 아니다. 수십 년 간 도제 스타일로 배우면서 자기 기술을 연마하고 전문화한 결과 명장, 기능장이 탄생하고 이들 손에 의해 명품이 탄생한다. 우리나라의 경우 4년제 종합 대학을 졸업한 후 취업이 잘 안 되니까 취업을 위해 다시 전문 대학에 진학하는 사례가 많다고 한다. 그 사람 개인 입장에서 4년간 종합 대학에서 허비한 시간과 비용은 물론 국가적으로도 인력과 재원 손실이 막대하다.

이 문제를 해결하기 위해서는 사회적으로 전문 대학 또는 기업 내 교육 기관 등에서 수학하고 기능을 연마한 명장과 기능장을 석·박사 못지않게 인정하고 대우하는 풍토가 조성되어야 한다. 우선 4년제 대학을 졸업해야 하고 가급적 석·박사를 해야 한다는 학력 지상주의를 개선해야 한다. 또한 대학을 서열화하고 학생들이 적성과 재능에 의한 학교 선택보다는 우선 일류 대학을 중시하고 자신의 점수에 맞는 학과를 선택하는 풍토는 개선되어야 한다.

••• 넓은 안목에서 해외 영토를 개척해야

필자는 국사를 배우다가, 신라가 아닌 고구려가 삼국을 통일했다면 지금 만주와 요동 등 중국의 일부가 우리 땅이 되었을까? 조선 시대 대마도 정벌 후 우리 땅으로 복속시키고 통치를 했더라면 한일 관계가 달라졌을까? 하는 의문을 가졌었다.

선진국들의 특징은 해외에 영토 또는 부속 도서를 갖고 있다. 해외 영토를 개척해서 자국의 언어와 문화를 보급하고 필요시 군사적 요충지로 활용한다. 또한 이를 바탕으로 먼 바다를 경영하고 해저의 지하자원을 적극 개발하여 국력에 보탬이 되게 한다. 우리는 아쉽게도 많이 늦었다. 이제 물리적, 지리적 의미의 영토

확장은 사실상 어렵다. 그러나 아직 지구 상에는 주인이 정해지지 않은 영역이 있다. 공해 상의 자원 개발 및 확보, 남극 및 북극 개발 등에 장기적인 관점에서 국가적으로 투자해야 한다. 또한 아프리카 대륙이나 다른 지역의 저개발 국가들 중에는 아직 자본이나 기술 부족으로 미개발 지역이 많다. 이들 지역에 우리의 자본과 기술을 투입해서 자원을 확보하고 우리의 문화를 심어야 한다. 이들 지역에는 선진국은 물론 최근 중국이 자원 확보 및 중화권 문화 전파 등 국가 위상 강화를 위해 적극 진출하고 있다. 우리가 뒤처져서는 선진국의 꿈을 이룰 수 없다. 중요한 점은 우리가 그들의 자원을 차지하고 우리의 이익만을 위해서 진출한다고 인식하지 않도록 해야 한다는 것이다. 그들의 교육과 인프라를 지원해서 그들이 잘 살도록 이끌어 주고 그로 인해 생기는 부가 가치를 공유한다는 상생의 논리로 그들을 대해야 한다.

˙˙˙ 노사 상생의 협력 방안을 구축해야

우리나라 경제는 기업의 수출에 많이 의존하고 있다. 따라서 우리나라의 경제를 잘 지탱해 나가기 위해서는 합리적인 노사 문화의 구축이 필수적이다. 이를 위해서는 회사 측과 노동자 측 간에 상호 신뢰를 바탕으로 상생의 협력 방안을 찾아야 한다.

회사는 노동자들이 기업의 성장에 기여한 만큼을 인정하고 이

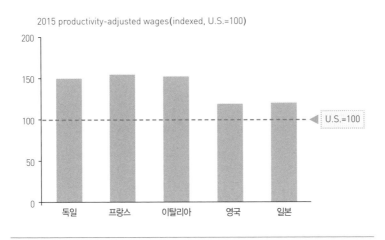

2015 productivity-adjusted wages(indexed, U.S.=100)

자료: Boston Consulting Group(2013.8)

를 급여 및 복리 후생으로 보상하려는 노력이 필요하다. 노동자
는 자신들이 기여한 만큼에 대한 정당한 보상을 회사 측에 요구
할 권리가 있다. 그리고 회사는 이를 인정해야 한다.

　여기서 기여한 만큼이란, 근로자 스스로 자신의 생산성에 기
초하여 임금을 주장해야 한다는 것이다. 보스턴컨설팅그룹의
〈Behind the American Export Surge〉(2013년 8월)에 따르면 미국
제조업 경쟁력이 여타 선진국에 비해 높은 이유는 '생산성을 감
안한 임금'이 다른 선진국에 비해 상당히 낮은 데 있다고 한다.

　노동자도 회사 측이 기업의 성장에 기여한 부분을 인정해야 한
다. 회사는 자본을 투자하고 경영을 책임진다. 계량화하기가 어
려운 부분이 있을 수 있지만 이에 대하여 공정한 평가를 통해 이

를 인정하려는 자세가 필요하다.

　계량화에 어려운 부분에 대해 협의하는 과정에서 노사 간에 의견 대립이나 갈등이 발생할 수 있다. 이 경우 상호 이해를 바탕으로 인내심을 갖고 협의하려는 자세가 필요하다. 노동자 측의 단체 행동권은 가급적 절제된 범위에서 사용되어야 한다. 물론 회사 측의 성의 있는 자세가 전제되어야 하겠지만 말이다.

　이렇게 노사가 상호 신뢰를 바탕으로 서로 기업의 성장에 기여한 부분을 인정하려는 자세로 임하게 되면 기업의 생산성이 더욱 향상되어 결국 회사와 노동자 모두에게 이익이 될 것이다.

˙˙˙ 기초 과학 육성 및 원천 기술 개발로 제조업의 경쟁력을 높여야

　우리나라는 아직까지 과학 분야의 노벨상 수상 실적이 없다. 선진국이 되기 위해서는 기초 과학을 육성하고 이를 바탕으로 원천 기술을 개발해야 한다.

　이 원천 기술은 우리나라가 선진국이 되기 위해 필요한 선진 금융 기법이나 첨단 과학 기술 등을 개발하는 데 필수적이다. 또한 이 원천 기술에 기초한 특허권 등 지적 재산권을 키워 나가는 것이 우리나라가 제조업의 경쟁력에 기초하여 보다 빨리 선진국에 도달하는 데 필요한 것이다.

　이를 위해서는 우선 정부 차원에서 기초 과학 연구를 중시하는 정책을 펴 나가야 하겠다. 또한 사회적으로도 우수한 두뇌가 이러한 기초 과학 연구 분야에 진출하는 것을 존중할 수 있는 풍토가 조성되도록 우리 모두의 노력이 필요하다.

이와 관련하여 해외의 기초 과학 관련 우수 연구 정보를 입수하고 이를 우리의 관련 분야 연구에 활용하는 방안을 생각해 볼 수 있겠다. 한 예로 우리나라가 노벨상보다 더 큰 상금을 걸고 기초 과학 분야 연구 실적이 우수한 사람에게 상을 주는 방안을 생각해 보자. 이 방안이 성공할 경우, 이 상을 받기 위해 세계 유수의 연구자들이 연구 실적을 우리나라에 제출할 것이다. 우리는 시상 여부를 판단하기 위해 이 연구 성과를 심사하는 과정에서 새로운 연구의 정보를 얻고 또한 우리의 실력을 키우는 계기로 삼을 수 있다. 그뿐만 아니라 해외에 있는 우리나라의 우수한 연구 인력들이 이 상을 계기로 우리나라로 돌아오는 계기가 될 수도 있다. 물론 이 경우 돌아오는 우수한 인력을 다시 떠나지 않게 붙잡을 유인을 우리는 강구해야 한다. 이들에게 연구 실적에 걸맞은 파격적인 대우를 국내 수준이 아닌 국제 수준에 맞추어 제공해야 한다. 연구 내용이 우리나라의 기초 과학 수준을 단기간에 끌어올릴 수 있을 정도의 획기적인 경우 원하는 조건을 다 들어준다는 정도의 파격적인 대우를 해서라도 우리나라에 머물도록 해야 한다. 주거 시설, 자녀 교육, 보수 등 모든 분야에서 말이다.

우리나라가 선진국이 되려면 기업이 정부 눈치 안 보고 투자
및 생산 활동에 전념할 수 있어야 한다. 그러기 위해서는 규제를
획기적으로 철폐해야 한다. 그렇게 함으로써 규제 때문에 기업
하기 어렵다는 말은 나오지 않아야 한다. 이렇게 되면 자연스럽
게 해외의 우수 기업이 우리나라에 투자하겠다고 들어오게 될 것
이다. 해외 기업의 유치를 통해 그들의 자본, 우수한 경영 인력 및
경영 시스템을 들여오고 국내 고용도 늘릴 수 있다.

통화 전쟁, 피할 수 없다면 이겨야

지구는 둥글다. 우리나라를 중심으로 지구를 보면, 우리나라는 커다란 네 나라의 가운데에 위치하고 있다. 미국, 중국, 유럽 (유로 지역), 일본 4대 경제 대국 사이에서 이렇다 할 지하자원도 없이 무역으로 나라를 키워 가고 있다. 환율은 우리의 생존에 가장 중요한 변수이며 따라서 각국이 자국의 수출과 성장에 유리하도록 환율을 유도하는 통화 전쟁에서 우리는 반드시 살아남아야 한다.

문제는 통화 전쟁이 우리의 의도와 상관없이 진행될 수 있으며 때로는 우리도 모르는 사이에 진행된다는 것이다. 또한 그 통화 전쟁의 소용돌이 속에서 우리 경제를 정상 궤도로 끌어내는 것 역시 우리 힘만으로는 어렵다는 것을 우리는 경험한 바 있다.

그렇다면 통화 전쟁에서 살아남기 위해 우리에게 요구되는 것은 무엇인가? 현재 진행되고 있는 통화 전쟁의 본질은 무엇이고 향후 어떻게 진행될 것인가를 예측할 수 있어야 한다. 여기서 중요한 것은 통화 전쟁은 단지 경제적 현상으로 접근하면 답을 찾을 수 없다는 점이다. 정치·경제학적 사고와 추론이 필요하다.

한 예로 미국의 달러화는 제2차 세계대전 후 미국의 국력을 바탕으로 기축 통화의 자리를 차지했다. 그러나 지금은 달러화가 미국의 국력을 받쳐 주고 있다. 미국이 세계 질서를 이끌어 가는 데 있어 달러화가 군사력보다도 더 큰 힘을 발휘한 사례를 우리는 보았다. 미국이 이란의 핵무기 개발을 억제하기 위해 이란에 대해 군사적 제재를 가했으나 여의치 않음에 따라 달러화와 미국의 은행 계좌를 무기로 사용했다. 이란으로부터 원유를 수입하는 국가가 수입 규모를 상당 폭 감축하지 않으면 미국의 은행 계좌를 이용할 수 없도록 제한한 것이다. 전 세계 무역 결제나 금융 결제는 달러화로 결제되는 비중이 가장 크고 최종 결제가 대부분 달러화에 연계되어 있는 점을 이용한 것이다. 만일 우리나라가 미국의 은행 계좌를 이용한 달러화 결제를 못 한다고 상상해 보자. 수출 대금을 뉴욕에 개설된 거래 은행의 계좌로 받을 수 없다. 수입 대금의 지불도 할 수 없다. 외환 보유액의 운용에 따른 자산 매입 대금을 주거나 매각 대금을 받을 수도 없다. 우리가 무엇을 할 수 있는가?

국제기구에서 중요한 결정을 내릴 때 미국은 큰 영향력을 행사한다. 우리가 이러한 결정을 따르지 않으면 국제 사회에 참여할 수 없다. 이뿐인가? 우리나라 정부나 기업, 또는 금융 기관이 외국에서 자금을 조달할 때 미국의 양대 신용 평가 회사의 평가에 따라 자금 조달 여부와 조달 금리 수준이 결정된다.

미국은 이처럼 기축 통화인 달러화의 발행, 초강력 군사력, 국제기구 및 신용 평가 시장의 주도, 세계 은행 산업의 선도 등을 통해 세계 통화 질서를 이끌어 왔다.

그런데 최근 중국이 급성장한 경제력을 바탕으로 미국과 대등한 지위를 주장하고 나섰다. 중국은 단순히 경제적 G2를 넘어서 통화의 G2를 달성한 후 위안화와 달러화 간 제1의 기축 통화 전쟁을 염두에 두고 있을 것이다. 그렇다면 중국은 미국과 대등한 지위를 얻는 데 필요한 모든 분야의 노력을 배가할 것이다. 위안화의 국제화, 군사력 증강, 자체 신용 평가 회사 설립, 중국 주도의 국제기구 설립 추진 등에 박차를 가할 것이다. 이를 통해, 미국처럼 다른 분야의 강점이 달러화 기축 통화의 위상을 높이고 달러화의 기축 통화 위상이 다시 미국의 다른 분야의 위상을 높이는 시너지 효과와 똑같은 효과를 얻으려고 할 것이다.

그러면 유럽과 일본은 중국의 이러한 야심찬 도약을 보고만 있겠는가? 나름대로 현 위치를 지키고 향후 중국에 추월당하지 않으려고 노력할 것이다. 자국 통화의 지위를 지키기 위해 미국이나 중국처럼 통화의 위상 강화 노력과 함께 다른 분야의 위상 강화에도 집중할 것이다. 앞으로 4대 경제 대국 사이에 전 방위적인 통화 전쟁이 진행될 것이다.

나는 독자들에게 '우리가 살 길은 무엇인가?'라는 질문을 던지

고 싶다. 어느 나라도 다른 나라를 도와주기 위해 존재하는 나라
는 없다. 그들의 국익에 도움이 될 경우에 우리와 협력하는 것이
다. 그렇다면 '우리의 생존이 이들 국가에게도 이익이 된다'는 상
생의 논리를 바탕으로 협력 방안을 강구해야 한다. 과연 우리에
게 그러한 상생의 협력 방안이 갖추어져 있는지를 다시 한 번 생
각하게 된다.

참고 문헌 _

[국문 참고 자료]

강재택(2008), 《생활 속의 환율》, 경문사.

기획재정부(2008), 〈한·미 양국간 통화스왑 체결〉, 기획재정부 보도자료, 2008.10.30.

기획재정부(2010), 〈외국인 채권투자에 대한 과세 환원조치에 대한 정부 입장〉, 기획재정부 보도자료, 2010.11.18.

기획재정부(2012), 〈글로벌 금융규제 강화의 부작용 논란〉, 기획재정부 국제통화제도과 보도자료, 2012.4.4.

김기정·임춘성(2009), 〈국제신용평가기관에 대한 규제 강화와 시사점〉, 한국은행 해외경제정보 제2009-42호, 2009.6.10.

김정훈·최정은(2014), 〈셰일오일 생산이 미국경제 및 국제석유시장에 미치는 영향〉, 한국은행 국제경제리뷰 2014-5호, 2014.2.26.

박진호(2009), 〈그리스 국가부도 위기의 원인과 전망〉, 한국은행 해외경제정보 제2009-74호, 2009.12.23.

서정민(2005), 〈환율제도의 종류와 국가별 차이점〉(한국은행 금요강좌), 2005.5.20.

이광원(2012), 〈신흥경제국의 금융시장 발달 현황 및 평가〉, 한국은행 국제경제정보 제2012-8호, 2012.2.1.

조석방·이은경·김동우(2010), 〈외국인 채권투자의 결정요인 분석〉, 한국은행 조사통계월보 2010.9월호.

한재현(2014), 〈중국의 그림자금융, 지방정부 부채 및 은행건전성의 상호관계〉, 한국은행 국제경제리뷰 제 2014-7호, 2014.3.18.

홍경식(2013), 〈Target2 불균형 완화로 본 유로지역 위기상황 평가〉, 한국은행 프랑크푸르트사무소 조사연구자료, 2013.10.4.

황인선(2012), 〈글로벌 금융위기 이후 연준의 통화정책〉, 한국은행 뉴욕사무소 조사연구자료, 2012.7.

한국은행 금융경제연구원(2010), 〈글로벌 금융위기 이후 기축통화에 대한 전망〉, 《금융경제 DIGEST》, 2010.4.

한국은행(2011), 《국제금융기구》, 한국은행 국제협력실.

한국은행(2011), 《우리나라의 외환건전성부담금 제도》, 한국은행 국제국.

한국은행(2012), 《한국의 통화정책》, 한국은행 통화정책국.

한국은행·기획재정부·금융위원회·금융감독원(2010), 〈거시건전성 제고를 위한 자본유출입 변동 완화방안〉, 4개 기관 공동 보도자료, 2010.6.14.

한국은행·기획재정부·금융위원회·금융감독원(2012), 〈외국환은행의 선물환포지션 비율 한도 축소〉, 4개 기관 공동 보도자료, 2012.11.27.

한국은행 북경사무소(2009), 〈중국의 신기축통화론 제의 배경 및 반응〉, 한국은행 북경사무소 현지정보, 2009.4.7.

한국은행 런던사무소·북경사무소(2013), 〈런던의 위안화 허브 기능 강화 및 중국은행의 영국지점 설립 허용〉, 한국은행 런던사무소·북경사무소 현지정보, 2013.10.15.

한국은행 프랑크푸르트 사무소(2013), 〈독일연방은행, 독일 주택가격 상승에 대해 우려 표명〉, 한국은행 프랑크푸르트 사무소 현지정보, 2013.10.23.

한국은행 북경사무소·상해주재원(2014), 〈위안화 환율 일중변동폭 확대와 시장 평가〉, 한국은행 북경사무소·상해주재원 현지정보, 2014.3.17.

한국은행 뉴욕사무소(2014), 〈Eswar Prasad 교수의 글로벌 금융위기 이후 미 달러화의 기축통화 위상 강화 배경 등에 대한 견해〉, 한국은행 뉴욕사무소 현지정보, 2014.3.13.

한국은행 프랑크푸르트 사무소(2014), 〈ECB 및 독일연방은행, ECB의 추가 완화조치 (6.5일) 관련 커뮤니케이션 강화〉, 한국은행 프랑크푸르트 사무소 현지정보, 2014.6.12.

[영문 참고 자료]

Aizenman and Pasricha(2009), 〈Selective Swap Arrangements and the Global Financial Crisis〉, NBER working paper 14821, 2009.3.

Albert Keidel(2008), 〈China's Economic Rise : Fact and Fiction, Carneige Endowment for Interarntional Peace〉, 2008.7.

Boston Consulting Group(2013), 〈Behind the American Export Surge〉,

Boston Consulting Group, 2013.8.

Harold L. Sirkin, Michel Zinser, Justin Rose(2013), 〈Behind the American Export Surge〉, Boston Consulting Group, 2013.8.

IMF(2011), 〈Assessing reserve adequacy〉, Monetary and Capital Markets, Research, and Strategy, Policy, and Review Departments, 2011.2.14.

IMF(2012), 〈De facto classification of exchange rate arrangements and monetary policy frameworks〉, IMF Annual Report 2012, 2012.4.30.

IMF(2013), 〈Macroprudential Policies : Korea's Experiences, Rethinking Macro Policy Ⅱ : First Steps and Early Lessons〉, 2013.4.

Marta Ruiz-Arranz and Milan Zavadjil(2008), 〈Are Emerging Asia's Reserves Really Too high?〉, IMF working paper 192, 2008.

Thilo Hanemann and Cassie Gao(2014), 〈Chinese FDI in the US: 2013 Recap and 2014 Outlook〉, Rhodium group, 2014.1.7.

Swift(2014), 〈RMB Tracker〉, Swift, 2014.9.

U.S Air Force, 〈National Museum unveils F-22 display〉, Print News Today, 2008.1.19.

U.S. Department of the Treasury(2014), 〈Report to Congress on International Economic and Exchange Rate Policies〉, U.S. Department of the Treasury Office of International Affairs, 2014.4.

U.S SEC, 〈2012 Summary report of commission staff's examinations of each nationally recognized statistical rating organization〉, Staff of the U.S Securities and Exchange Commission, 2011.12.

[Database]

Bloomberg

The Banker Database

한국은행경제통계시스템(http://ecos.bok.or.kr/)

위안화의 도전과 달러화의 미래

21세기 통화 전쟁

초판 1쇄 2014년 12월 22일
  2쇄 2015년 1월 15일

지은이 강재택
펴낸이 전호림 **편집총괄** 고원상 **담당PD** 최진희 **펴낸곳** 매경출판㈜
등 록 2003년 4월 24일(No. 2-3759)
주 소 우)100-728 서울특별시 중구 퇴계로 190 (필동 1가) 매경미디어센터 9층
홈페이지 www.mkbook.co.kr
전 화 02)2000-2610(기획편집) 02)2000-2636(마케팅)
팩 스 02)2000-2609 **이메일** publish@mk.co.kr
인쇄 · 제본 ㈜M-print 031)8071-0961

ISBN 979-11-5542-198-7(03320)
값 13,000원